W0283980

TOSKANA

EINLADUNG ZUM GENIESSEN

GILLES PLAZY

TOSKANA

EINLADUNG ZUM GENIESSEN

Fotos von Bruno Morandi
Aus dem Französischen von Wolfgang Glaser, Hanna van Laak und Jens Uhrbach

DROEMER

Originaltitel: Esprit du goût. Toscane
Originalverlag: Editions Plume, Paris

Der Autor dankt:
Catherine (die große inspirierende Kraft)
und der Familie Morandi.
Dem Haus Antinori, Ana Bini, Marco Baglioni
(Azienda Alberese im Naturpark Maremma),
Franco Biondi-Santi (Tenuta Greppo),
Bette Anne Bierwith, Silvia Degori (Azienda
Agricola Belsedere), Emanuela Maglio
(Consorzio per la Tutela del Palio di Siena),
Martino Manetti, Malte Martin, Lorenza
de' Medici (Badia Coltibuono), Paolo Merlini
(La villa Rospigliosi), Penny Murray, (Tenuta
del Terriccio), Alberto Napoleone vom
Castello di Verrazzano, Jasmine Syed und
Nicolas Sthal.

Besuchen Sie uns im Internet:
www.droemer-knaur.de

Copyright © 1998 by Editions Plume, Paris
Copyright © 1999 der deutschsprachigen
Ausgabe bei Droemersche Verlagsanstalt
Th. Knaur Nachf., München
Alle Rechte vorbehalten. Das Werk darf – auch
teilweise – nur mit Genehmigung des Verlags
wiedergegeben werden.
Fotos: Paul Morandi/Hoaqui, Chistophe
Valentin/Hoaqui (S. 49 oben, 70, 137 Mitte)
und Fred Vasseur/Visa (S. 29 oben und unten
rechts, 50 oben, 125 oben rechts und links,
126 oben)
Aquarelle: Philippe Chiambaretta (S. 7, 36, 38,
102) und Bruno Morandi (S. 18 und 113)
Umschlaggestaltung: Agentur ZERO, München
Satz: Gloor Satz Repro GmbH, München

ISBN 3-426-27135-4
Printed in Italy

5 4 3 2 1

INHALT

EINLEITUNG

In den Ortschaften, die sich an die Hänge des Pratomagno schmiegen, bereitet man Fagioli gewöhnlich mit Salbei, kaltgepreßtem Olivenöl und roten Pfefferschoten zu (Rezept Seite 107).

Viele von uns neigen dazu, die Toskana in einem etwas verklärten Licht zu sehen. Dabei gehen wir meist von einem Traum aus, einer bestimmten Vorstellung, die wir uns von dieser Region machen, begreifen dann aber rasch, daß sich dieses Toskana-Bild nicht so leicht einfangen läßt, wie es zunächst scheint. Ein paar Gemälde, ein paar historische Ereignisse, ein paar Namen von Malern und Schriftstellern – all das abgerundet mit einer Flasche Chianti, und die Sache ist erledigt, meint man. Dazu eine Prise Eleganz und ein gewisses Savoir-vivre, etwas traditioneller Stolz und eine grandiose Kultur wie die Renaissance, gepaart mit liebenswerter Nonchalance – was will man mehr?

Freilich ist die Toskana eine Region Italiens, die wie keine andere von der Geschichte begünstigt wurde. Zur Wiege der Renaissance auserkoren, hat sie Europa – und die Welt – geprägt, wenn auch nicht ganz mühelos. Denn erst nach heftigen Auseinandersetzungen zwischen verschiedenen Stadtstaaten wurde Florenz eine Zeitlang zum Mittelpunkt der Welt und läutete ein neues Zeitalter ein. Freilich ist Florenz die historische Hauptstadt einer Region, deren Unabhängigkeit heftig umstritten war; für kurze Zeit war es sogar einmal die Hauptstadt Italiens. Doch im Grunde bildet es mit Siena im Süden und Pisa im Westen ein goldenes Dreieck, das Herzstück der Toskana. Diese drei Städte sind nicht nur die schönsten, sondern auch die berühmtesten dieser Region, die sich kein Reisender entgehen läßt. Florenz steht für mittelalterlichen Glanz und humanistische Kultur. Siena hingegen repräsentiert die dunkle Seite des Mittelalters, deren Spuren noch heute zu erkennen sind. Das hübsche Städtchen Pisa, das am selben Fluß liegt wie Florenz, ist zwar weniger grandios, hat aber durchaus einige spektakuläre Bauwerke aufzuweisen.

Bruschetta in allen Variationen bekommt man in jeder toskanischen Osteria.

Innerhalb dieses Dreiecks schlägt das Herz der Toskana – niedrige Berge, grün und

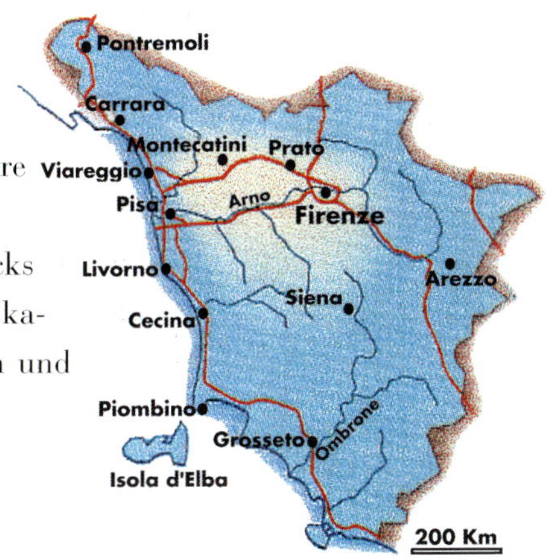

Das Weindorf Montefiorale liegt wie viele andere Orte im Chianti auf einem Hügel.

In Ana Binis Küche stehen immer Schinken und Wein für unerwartete Gäste bereit.

gerundet, und der Chianti, der durch seine unverkennbaren Flaschen in der ganzen Welt berühmt wurde. Noch zwei toskanische Angelpunkte sind zu nennen: Arezzo, einst ein ebenso kühner wie mächtiger Stadtstaat am Fuße höherer und weniger lieblicher Berge, und Grosseto, das eingebettet zwischen Bergen und Meer liegt.

Aus all diesen Facetten setzt sich die Toskana zusammen, die sich deutlich von den Nachbarregionen unterscheidet. Verantwortlich dafür ist die geographische Lage, denn durch die natürliche Grenze, die der Apennin bildet, entstand ein Gebiet, in dem ein Volk seit der Zeit der Etrusker seine eigene Identität entwickeln konnte; durch die Verwendung einer einzigen Sprache (mit der Dante, Boccaccio und Petrarca die italienische Literatur dem Lateinischen entrissen haben) wurde es noch in seiner Geschlossenheit bestärkt. So konnte sich dort auf Grundlage des etruskischen Erbes eine eigene Kultur entfalten, die sich lange gegen die Römer behauptet hat – eine von ästhetischem und sinnlichem Raffinement geprägte Kultur, die sich weder von den Direktiven aus Rom noch von der wissenschaftlichen Vernunft, die den Rahmen der Renaissance bildete, beeinträchtigen ließ.

Kein Wunder also, daß es sich in der Toskana so gut leben läßt. Denn die Toskana ist ein Land voller Geist und Geschmack. Und vor allem ist sie bereit, andere daran teilhaben zu lassen.

Rechte Seite: Südlich von Siena gelingt es, mit Menschenhand der kargen Landschaft verführerische optische Reize abzugewinnen.

Keramik aus San Gimignano.

FLORENZ

S. 10/11: Die Viale dei Colli, eine Ende des 19. Jahrhunderts geschaffene Promenade, die von alten Villen gesäumt wird, erstreckt sich oberhalb von Florenz.

Links: La Notte (Die Nacht), Kopie einer Plastik von Michelangelo, ist Teil eines Denkmals auf der Piazzale Michelangelo.

Am 22. Januar 1817 fährt Henri Beyle, besser bekannt unter dem Namen Stendhal, nach Florenz, und sein Herz klopft wie wild, wenn er daran denkt, daß in dieser Stadt Dante, Michelangelo und Leonardo da Vinci gelebt haben. In seinem Reisetagebuch bezeichnet er Florenz als »die Königin des Mittelalters«, und dem ersten Florentiner, dem er begegnete, wäre er am liebsten um den Hals gefallen. Er ersteht zwei »Stadtbeschreibungen« und taucht ein in die Straßen und Gassen. »Ich befand mich in einer Art von Ekstase bei dem Gedanken, in Florenz und den Gräbern so vieler Großen so nahe zu sein. Ich war in Bewunderung der erhabenen Schönheit versunken; ich sah sie aus nächster Nähe und berührte sie fast«, schreibt er.

Dante Alighieri (1265–1321), Schöpfer der Göttlichen Komödie, *legte mit seinem Werk den Grundstein für die moderne italienische Sprache.*

Archibaldo Olson Barnabooth hingegen, der literarische Doppelgänger seines Autors Valery Larbaud, der ein Jahrhundert später nach Florenz kommt, besucht weder Kirchen noch Museen. Der Dichter und Milliardär kauft lieber ein. Nachdem er eine Suite im Carlton bezogen hat, deren zehn Fenster auf den Arno hinausgehen, läßt er ein paar Brösel von seinem immensen Vermögen in den vornehmsten Geschäften der Stadt, in der Via Calzaioli – alles für die Reise –, der Via Tornabuoni, Via Cerretani, Via Martelli, Via Cavour – in Buchhandlungen, Herrenwäschegeschäften und Patisserien... Von allem etwas. Und es macht ihm großen Spaß, später die Pakete zu öffnen und seine Spielsachen auszupacken, die ihn jedoch bald langweilen, so daß er sie an das Personal weiterverschenkt. Dennoch geht er wieder in die Stadt, um durch die Gäßchen zum Ufer des Arno zu schlendern, ohne bei den stummen Zeugen der Geschichte zu verweilen – dem Dom, dem Palazzo Vecchio, dem Ponte Vecchio, dem Palazzo Pitti, den Uffizien, Santa Maria Novella, Santa Croce, San Lorenzo...

So ist Florenz bis heute – ein wenig verwundert über seine grandiosen Kunst-

Traditionsgemäß werden die kleinen Geschäfte auf dem Ponte Vecchio nur von Goldschmieden und Juwelieren betrieben. Vasari ergänzte den Ponte durch einen Verbindungskorridor, der es Cosimo I. gestattete, vom Palazzo Vecchio in den Palazzo Pitti zu gelangen, ohne sich unter das Volk mischen zu müssen.

Entfernt man sich etwas vom Stadtzentrum, werden die Straßen ruhiger und das Leben gemächlicher.

Der Ponte Vecchio, wichtigste Verbindung zwischen den beiden Arnoufern, überstand wie durch ein Wunder die große Flut von 1966.

Die untergehende Sonne taucht Florenz und den Arno in ein Licht, das dazu einlädt, auf den Brücken zu verweilen.

werke und den Charme seiner Straßen und zugleich etwas melancholisch, wie es einer Stadt ansteht, in der sich soviel Geschichte spiegelt und die sich einen gewissen Hang zum Luxus bewahrt hat. So empfand das auch der amerikanische Schriftsteller Henry James: auf seiner Suche nach den europäischen Ursprüngen der amerikanischen Kultur: »... doch etwas von der Herbststimmung scheint gut zu der Seelenhaltung zu passen, worin der empfängliche Besucher durch die Straßen und Galerien und Kirchen wandert.« In Florenz, so meint er, trage die Geschichte heiterere Züge als in anderen italienischen Städten. Florenz sei eine sanfte Stadt, die ihre Sanftheit der florentinischen Kunst verdanke, der Kunst von Ghirlandaio, Filippo Lippi, Fra Angelico, Luca della Robbia...

Lautespielender Engel *von Rosso Fiorentino (1494 – 1540).*

Durch Florenz fließt der Arno. Er durchquert diese geschichtsträchtige Stadt mit großem Gleichmut, so als könnten ihn die Baudenkmäler an seinen Ufern nicht einschüchtern. Vor nicht allzu langer Zeit trat er sogar über seine Ufer und demonstrierte wieder einmal, daß er sich nicht beherrschen läßt. Für eine Stadt, deren Macht und Ruhm ursprünglich aus dem Gedanken erwuchsen, daß der Mensch über sich selbst und die Welt herrschen kann, war das eine gute Lektion in Bescheidenheit. Würdevoll und schmutzigbraun fließt der Arno, an den

Das alte Florenz, Miniatur aus einer Stadtchronik aus dem 15. Jahrhundert.

Uffizien und am Palazzo Pitti vorbei, unter dem Ponte Vecchio hindurch – eine lebendige Illustration der alten griechischen Lebensweisheit »panta rhei« (alles fließt). Die Geschichte nimmt ihren Lauf und läßt, wie das Meer, Treibgut und andere beredte Zeugnisse früherer Zeiten zurück.

Die traditionelle bauchige, mit Bast umhüllte Chianti-Flasche ist mittlerweile aus der Mode gekommen und der typischen Bordeaux-Flasche gewichen.

Und der Fluß gleitet durch die sanft gerundeten Hügel, die im Nordosten der Stadt aufragen und dazu einladen, die Schöne von oben zu betrachten. Möglichkeiten dafür gibt es viele. Besonderen Ruhm wegen der herrlichen Aussicht erlangte das mondäne Städtchen Fiesole, in dem Rilke lauter junge Mädchen mit Madonnengesichtern sah. Seitdem ist die kleine, auch heute noch von Wäldern umgebene Stadt nicht sonderlich gewachsen, und wer gut zu Fuß ist, fühlt sich dort sogleich wohl. Die Wege sind kurz, und es besteht kaum Gefahr, sich zu verlaufen.

Die Familie Antinori, Eigentümer großer Weingüter in Chianti, besitzt einen der schönsten Paläste aus dem 16. Jahrhundert in Florenz. Der im Stadtzentrum gelegene Palazzo beherbergt die Cantinetta Antinori, wo man die hauseigenen Weine verkosten kann.

Man stelle sich vor, wie Cäsar, nachdem er den Etruskern eine Niederlage bereitet hatte, auf die Ebene hinabblickte, die Biegung des Arno betrachtete und beschloß, dort eine Stadt zu erbauen. Oder wenigstens eine Garnison zu errichten, mit eigener Verwaltung und ein paar Kaufleuten. Doch dieses historische Kapitel hat keine sichtbaren Spuren hinterlassen: keine einzige Säule, keinen Triumphbogen. Die Stadt begnügt sich damit zu zeigen, daß sie ihre Größe dem Mittelalter verdankt, als hier Wollstoffe gewoben, Handelsbeziehungen mit dem Orient aufgenommen und Paläste errichtet wurden; als Florenz eine führende Rolle in der Toskana übernahm, seinen Kaufleuten Adelstitel verlieh und Dante Alighieri geboren wurde, der geniale Schöpfer der *Göttlichen Komödie*. Unter der Ägide aufgeklärter Männer, die ihrer Zeit so weit voraus waren, daß sie sich mehr auf wirtschaftliche Gegebenheiten konzentrierten als auf höfischen Schnickschnack, konnten Kultur und Wohlstand gedeihen. Damit herrschten ideale Voraussetzungen für das Aufblühen der Renaissance.

Gelenkt und beeinflußt wurde dieser Wandel vom Bankier-Geschlecht der Medici: Cosimo der Alte besaß nicht nur Vermögen, sondern auch ein gutes Gespür

Baptisterium, Campanile und Dom bilden auf der Piazza del Duomo ein eindrucksvolles Ensemble. Die Pläne für den Campanile stammen von Giotto (etwa 1266 – 1337), der noch vor Vollendung des Bauwerks starb. Die Fassaden der drei Bauwerke sind in unterschiedlich farbigem Marmor verkleidet. Über allem thront die elegante Zweischalenkuppel von Brunelleschi.

Bei Wahl der Formen und Farben für Pasta kennen die kleinen toskanischen Handwerksbetriebe keine Grenzen. Bewährte Hilfsmittel hierbei sind Tomaten, Spinat, Sepiatinte und aromatische Kräuter.

Für Aquarellmaler sind Farben und Landschaft der Toskana ein Dorado. Interessierte finden in der Region ein reichhaltiges Angebot an Malkursen.

für Politik und Kunstverstand. Er war gut beraten, den Empfehlungen des Bildhauers Donatello zu folgen, mit dessen Unterstützung er eine beachtliche Kunstsammlung anlegte; im Gegenzug ermutigte er den Künstler zu gestalterischer Kühnheit. Cosimos Enkel war der berühmte Lorenzo Il Magnifico, ein Staatsmann schon mit dreißig Jahren. Er hatte eine eiserne Hand, wenn es sein mußte, und er scheute sich nicht, dem Papst die Stirn zu bieten. Er hatte ehrgeizige Pläne für seine Stadt, umgab sich mit den begabtesten Künstlern seiner Zeit und ging als Mäzen den anderen einflußreichen Familien mit gutem Beispiel voran. Leider konnte er schlecht mit Geld umgehen und machte sich damit schließlich sehr unbeliebt. Danach wurden ein paar Generationen übersprungen. Unterdessen versuchte der gestrenge Mönch und Sittenprediger Savonarola, die moralische Ordnung wiederherzustellen, und endete schließlich auf dem Scheiterhaufen. Dann entstand eine neue Republik, in der wieder neue Medici an die Macht kamen.

Spaziert man heutzutage durch Florenz, kommt es einem vor, als blätterte man in einem Geschichtsbuch. Nach und nach begreift man, wie eine Stadt, die nicht einmal besonders groß war, die sich weder mit Rom noch mit London oder Paris messen konnte, eine solche Blütezeit erleben konnte.

Das Geheimnis ist nicht leicht zu ergründen, doch wer sich Zeit nimmt, die berühmten wie die versteckten Zeugnisse zu entdecken, wird reich belohnt. Die Uffizien muß man, wie alle großen Museen dieser Welt, mehrmals besuchen, denn was es hier alles zu bewundern gibt, kann kein menschliches Auge in wenigen Stunden aufnehmen. Der Kunstliebhaber freilich wird sich diesen Genuß nicht entgehen lassen. Er wird seinen Lageplan konsultieren, sorgfältig auswählen und sich dann entschlossen den Weg durch die Besuchergruppen bahnen: zu einigen Madonnen von Cimabue, Giotto, Simone Martini und Filippo Lippi, zur *Hl. Anna selbdritt* von Masaccio, der Venus von Botticelli, zu Paolo Uccellos Schlacht von San Romano (einem Paradebeispiel für Geometrie im Raum), zur Anbetung der Könige von Leonardo da Vinci und einigen Werken von Dürer, Cranach und Michelangelo, Raffael, Rembrandt, Veronese, Rubens und Caravaggio.

Das typische Haus der Toskana: rechteckiger Grundriß, ockerfarbene Fassaden und ein flaches Ziegeldach.

Am Rand der Piazzale Michelangelo bieten Künstler ihre Bilder zum Kauf an.

Doch nun wird es Zeit für Sie, sich auf der Piazza della Signoria an einem der Tische des Rivoire bei einer Tasse heißer Schokolade zu erholen. In diesem vornehmen Café sitzt man, durch ein schmiedeeisernes Gitter von der Masse der Touristen getrennt, umgeben von Blumen und kleinen Büschen und blickt auf den Palazzo Vecchio, jene imposante mittelalterliche Festung, die von dem knapp hundert Meter hohen Arnolfo-Turm überragt wird. Oder Sie lassen Ihren Blick einfach ein wenig schweifen, und wer weiß, vielleicht entdecken Sie eine sympathische Gestalt, ein reizvolles Gesicht, einen Hauch florentinischer Eleganz, der sich aus der Masse des internationalen Publikums abhebt. (Aber vielleicht stehen die Chancen dafür auf der Piazza della Repubblica besser, denn in dieser gutbürgerlichen Gegend gibt es zahlreiche einladende Terrassen-Cafés, etwa das Café Gilli mit seinen rosa Tischdecken und ausgezeichnetem Kuchen und Gebäck.) Amüsiert beobachten Sie das bunte Treiben der staunenden Touristen auf der überfüllten Piazza, auf der Savonarola verbrannt wurde. Dieser fanatische Dominikanermönch, dessen düstere Prophezeiungen von einem drohenden Strafgericht sich im Sturz der

Die Vespa ist eine toskanische Erfindung aus dem Jahr 1946, als die ersten Exemplare im Piaggio-Werk in Pontedera gebaut wurden.

Medici-Herrschaft zu bestätigen schienen und dessen kurze politische Karriere ein so grausames Ende nahm, hatte seine Zelle im Kloster San Marco, das der sanftmütige Fra Angelico mit herrlichen Fresken ausgestaltet hat – ein Ort der inneren Einkehr.

Sie kehren den gastronomischen Verlokkungen den Rücken und begeben sich in das seit 1774 bestehende Geschäft von Pineider, dem König der Papiermacher, an der Ecke Via dei Strozzi. Dort gibt es außerdem wunderschöne Ledermappen. (Doch nicht hier, sondern in einem Geschäft in der Via de' Cerretani beging der Dandy Archibaldo Olson Barnabooth aus purer Langeweile seinen ersten kleinen Diebstahl: Er ließ ein nutzloses Glöckchen mitgehen.) Vielleicht möchten Sie Vergleiche mit der Konkurrenz anstellen und sehen sich auch bei Bruno Beccari in der Via Porta Rossa und Giulio Giannini et Figlio (seit 1856) gegenüber dem Palazzo Pitti um, erstehen ein hübsches Briefpapier mit Ihren Initialen, ein Notizbuch, das Ihnen als Reisetagebuch dienen könnte, oder ein Büchlein mit Rezepten aus den Küchen der Stadt; damit hätten Sie immer ein Stückchen Florenz im Gepäck.

In der Via de' Tornabuoni, der Via dei Tavolini und der Via del Corso Borgo lenken schon die nächsten Schaufenster Ihre Aufmerksamkeit auf sich. Darüber stehen die Namen einiger großer internationaler Modeschöpfer und alteingesessener Geschäftsleute wie Tanino Crisci, Nannini und Casadei (Lederwaren), de Beltrani (Schmuck) und Il Tessuto Elegante (Seide), nicht zu vergessen die Posamentierer, die jenes traditionelle florentinische Kunsthandwerk bis heute liebevoll pflegen. (Eine solche Vielfalt herrlicher Bänder, Borten und Quasten wie bei Silvi, Valmar oder in der Passemanaria Toscana findet man sonst nirgends.)

Im Vorbeigehen werfen Sie einen Blick in das vornehme Café Certosa an der Ecke Via de' Tornabuoni und Via della Spada, wo seinerzeit schon Barnabooth einkehrte. Einem aktuellen Reiseführer zu-

Die Darstellung vollkommener weiblicher Schönheit: Madonna mit dem Stieglitz *(Ausschnitt). Das Original dieses Gemäldes von Raffael (Raffaello Sanzio, 1483 – 1523) hängt in den Uffizien.*

Rechte Seite: Das warme Licht des Sonnenuntergangs legt einen ockerfarbenen Schleier über die Stadt.

Der bronzene David *steht im Bargello. Er gilt als die berühmteste Arbeit von Donatello (1386 – 1466), der das neue Selbstverständnis der Bildhauerkunst der Renaissance prägte.*

Auf der Piazza della Signoria steht eine Kopie von Michelangelos David, *entstanden in den Jahren 1501 bis 1504. Die Statue, die den Mut im Angesicht der Tyrannei symbolisieren soll, ist eine Auftragsarbeit der Republik Florenz. Das Original befindet sich seit 1873 in der Galleria dell'Accademia.*

Seit je ist die Piazza della Signoria das Herz der Stadt. Zu Füßen des strengen Palazzo Vecchio laden die Terrassen hübscher Cafés zum Verweilen ein. Die Piazza war der Schauplatz großer historischer Ereignisse wie der Pazzi-Verschwörung und des von Savonarola angeführten Aufstands gegen die Medici.

folge hat man hier gute Chancen, ein paar Mannequins anzutreffen. Anschließend haben Sie vielleicht Lust, in einer einfachen Osteria (der Tip stammt auch aus dem Reiseführer) zu Mittag zu essen. Sie liegt in einem Gäßchen zwischen Bahnhof und Arno. Beim Betreten des freundlichen, einfachen Restaurants strömt Ihnen ein Duft entgegen, der Ihnen das Wasser im Munde zusammenlaufen läßt. Freilich braucht man etwas Mut und Abenteuerlust, um abseits der renommierten Restaurants die einfache, traditionelle florentinische Küche auszuprobieren. Aber Sie hatten sich ja fest vorgenommen, die Trippa alla fiorentina zu probieren, und nun bietet sich eine Gelegenheit. Die Kutteln sind in dünne Scheibchen geschnitten, erinnern im Aussehen ein wenig an Calamares in Tomatensauce und sind mit Parmesan bestreut. Bene. Nun sind Sie der florentinischen Lebensart schon wieder ein Schrittchen näher gekommen. Beim nächstenmal gehen Sie vielleicht ins Oltrarno, das am anderen Arnoufer auf dem Weg zum Palazzo Pitti und den Boboli-Gärten liegt, eine Art Kellergewölbe im Erdgeschoß mit unverputzten Wänden, die mit alten Fayencen, staubigen Fahnen, Holzfiguren und Korbwaren dekoriert

Der Palazzo Pitti wurde nach den Plänen des Bildhauers und Baumeisters Filippo Brunelleschi (1377 – 1446) erbaut und beherbergt heute u.a. eine Gemäldegalerie Pitti mit berühmten Kunstwerken aus dem 15. bis 18. Jahrhundert.

Jeden Morgen, außer sonntags, findet im Viertel von San Lorenzo ein großer Markt statt.

Mit der Geburt der Venus *bricht Sandro Botticelli (1445 – 1510) mit der Tradition klassischer Venusdarstellungen. Das Gemälde hängt heute in den Uffizien.*

sind. Zwischen einheimischen Studenten und Japanern, die von ihrem anstrengenden Besichtigungsprogramm völlig erschöpft sind, bestellen Sie Bistecca (alla fiorentina, versteht sich), ein wahres Meisterwerk der Bratkunst. Für besondere Gelegenheiten kennen Sie noch andere Adressen und haben inzwischen vielleicht auch schon herausgefunden, wo man am besten Ribollita, Lampredatto, Panzanella oder Acquacotta ißt und die besten Fagioli bekommt, die allgegenwärtigen kleinen, weißen Bohnen; oder Zucchini, Champignons, Hasenbraten und Lamm – alles zubereitet mit dem guten Öl aus toskanischen Oliven und serviert, wie könnte es anders sein, mit einer Flasche Chianti.

Vor den Uffizien sitzt ein Straßenmaler neben dem anderen.

Den heißen Nachmittag verbringen Sie in den Boboli-Gärten, wo Sie in einer der schmalen Alleen rund um den Neptun-Brunnen eine alte Steinbank entdecken, wie geschaffen, um ein wenig Dante zu lesen oder in einem Buch mit toskanischen Rezepten zu blättern. Irgendwo schlägt eine Uhr, aber Sie lassen sich nicht davon stören, genießen weiterhin den kühlen Schatten und die leichte Brise, ruhen sich aus, träumen vor sich hin und lassen noch einmal die lebhaften Bilder vorüberziehen, die Ihnen bei Ihrem Bummel durch Florenz begegnet sind.

Toskanischer Marmor: weiß aus Carrara, rosafarben aus der Maremma und grün aus Prato.

Sie schließen die Augen und sehen noch einmal die herrlichen Fresken von Masaccio in der Brancacci-Kapelle in Santa

Auf der Piazza della Signoria dominiert die kolossale Neptunstatue den von Ammanati geschaffenen Brunnen. Michelangelo verhöhnte das Kunstwerk seines Bildhauerkollegen als Verschwendung von Marmor.

Das Fassadenprogramm der Kirche Santa Maria Novella integriert ein auf der Antike basierendes Ordnungssystem in ein gotisches Bauwerk, ohne dabei die toskanische Tradition der Vielfarbigkeit außer acht zu lassen. Eine der genialen Schöpfungen des Baumeisters Leon Battista Alberti (1404 – 1472), dessen wegweisende kunsttheoretische Schriften bis heute fortwirken.

Der Turm des Palazzo Vecchio, im 13. Jahrhundert erbaut von Arnolfo di Cambio (etwa 1250 – 1302), ist das Wahrzeichen von Florenz.

Die Enoteca, in der man zum Glas Wein meist auch den ganzen Tag kleine kalte und warme Spezialitäten genießen kann, gehört unverwechselbar zum Lebensbild der Toskana.

Maria del Carmine vor sich, bei denen der junge, geniale Künstler seinem Meister Masolino zur Hand ging. (Auch Filippo Lippi wirkte bei der Gestaltung dieses Freskenzyklus aus dem Leben Petri mit.) Obwohl Masaccio damals erst Mitte Zwanzig war, entwickelte er bereits eigene Stilmittel. Von ihm stammt die in der Mitte verkürzte Sockelleiste, die großes Geschick im Umgang mit den Gesetzen der perspektivischen Verkürzung beweist, und auch seine plastisch und klar geformten Gestalten, in deren lebhaften Bewegungen starke Gefühle zum Ausdruck kommen, unterschieden sich von den weichen und eher verschwommenen seines Meisters.

Der Korb, den man sich über die Schulter hängen kann, dient zur Weinlese, zum Sammeln von Feldfrüchten, Kräutern und Pilzen.

Masaccio war nicht sonderlich fromm, und der Humanismus glättet die Tragik der berühmten Bibelszenen, aber dennoch: Was für ein Theater! Und dieses gekonnte Spiel mit Harmonien! Rechts vom Altar hält eine Frau mit weißem Turban ein halbnacktes Kind auf dem Arm. Ein alter Mann gibt ihr ein Almosen, ohne sie jedoch anzusehen. In einem schlauen Buch läßt sich nachlesen, daß sie den Namen eines Edelsteins trägt: Saphire. Und daß sie eine Lügnerin sei. Doch ihrer Schönheit und Würde, ihren ebenmäßigen Zügen und ihrer harmonischen Ausstrahlung tut das keinen Abbruch. Eine wunderbare Frauengestalt! Und für Sie wird Florenz von nun an das Gesicht dieser Frau tragen.

Tribolo legte die Boboli-Gärten in der Mitte des 16. Jahrhunderts auf einem Hügel oberhalb des Palazzo Pitti an. Hier feierten die Medici ihre rauschenden Feste.

In Monvertine, in der Nähe von Radda in Chianti, hat die Familie Manetti ein privates Chianti-Museum eingerichtet, in dem historische Geräte zur Weinherstellung zu sehen sind.

Die Aromen der Toskana: Basilico – Basilikum, Salvia – Salbei, Menta – Minze, Prezzemolo – Petersilie.

Minestrone con pesto

Für 6 Personen
1 große rote Zwiebel
3 mittelgroße Karotten
3 Stangen Sellerie
5 mittelgroße Kartoffeln
1/4 Wirsing
5 mittelgroße Zucchini
1 Stange Lauch
1 Frühlingszwiebel
400 ml Olivenöl extravergine
Salz
300 g gekochte weiße Bohnen
5 kleine Bund Basilikum
2 Knoblauchzehen
150 g Pinienkerne
100 g weiche Butter
250 g Parmigiano

Die Zwiebel, eine Karotte sowie eine Stange Sellerie fein hacken. Den Wirsing in feine Streifen, Zucchini, Kartoffeln und die restlichen Karotten klein würfeln. Den Lauch und Frühlingszwiebel in Ringe, den restlichen Sellerie in dünne Scheiben schneiden. Alles beiseite stellen.

Das Umland von Florenz bietet beste Bedingungen für den Gemüseanbau.

In einem großen Kochtopf 150 ml Olivenöl erhitzen und die feingehackten Gemüse darin goldbraun anbraten. Die restlichen Gemüse dazugeben, mit Wasser bedecken und salzen. Das Ganze zum Kochen bringen, dann etwa 20 Minuten bei mittlerer Temperatur köcheln lassen, bis die Karotten gar sind. Die vorgekochten weißen Bohnen zugeben und in der Suppe erhitzen.

Für den Pesto Basilikumblätter, Knoblauchzehen, Pinienkerne, Butter und 150 ml Olivenöl im Mixer zu einer glatten Paste verarbeiten. Zum Schluß 150 Gramm geriebenen Parmesan zugeben und gründlich vermischen. Wenn die Gemüse gar sind, den Pesto unterrühren. Den Minestrone mit dem restlichen Olivenöl und geriebenem Parmesan servieren.

Pappa al pomodoro

Für 4 Personen
1 Selleriestange, feingehackt
1 Zwiebel, feingehackt
1 Karotte, feingehackt
4 Knoblauchzehen, feingehackt
600 g Tomaten, geschält und feingehackt
1 Pfefferschote
400 g Weißbrot vom Vortag
1 Glas Weißwein
1 Zweig Basilikum
4 Salbeiblätter
Olivenöl
Salz und Pfeffer

Den Sellerie, die Zwiebel, die Karotte und den Knoblauch in reichlich Olivenöl anbraten. Die Tomaten sowie die Pfefferschote hinzufügen, zudecken und bei schwacher Hitze 20 Minuten dünsten lassen.
Das Brot zerbröckeln und zusammen mit 1/2 Liter Wasser, dem Glas Weißwein, Basilikum und Salbei in den Topf geben und würzen. Nochmals 5 Minuten kochen lassen und abschmecken. Die Pappa kann heiß oder kalt serviert werden.

Trippa alla fiorentina

Für 6 Personen
1 1/2 kg Kutteln, gesäubert und blanchiert
2 kg reife Tomaten
1 Zwiebel
1 Knoblauchzehe
1 EL Olivenöl
1/2 TL Zucker
Salz und Pfeffer
4 Basilikumblätter
1 Zweig Petersilie
150 g Parmigiano

Links: Zuppa alla frontoiana, eine bäuerliche Suppe, die mit getrockneten Borlotti-Bohnen zubereitet wird.

Die Kutteln gründlich abspülen, in feine Streifen schneiden und beiseite stellen. Die Tomaten 30 Sekunden in kochendes Wasser tauchen, die Haut abziehen und das Fruchtfleisch grob hacken. Zwiebel und Knoblauch fein hacken. Zwiebel und Knoblauch in heißem Olivenöl anbraten, die Tomaten und den Zucker zugeben und mit Salz und Pfeffer würzen. Das Ganze bei mittlerer Temperatur zu einer dikken Sauce einkochen. Am Ende der Garzeit Basilikumblätter und grobgehackte Petersilie unterrühren.
Die Kutteln in die Sauce geben und bei schwacher Hitze nicht zu weich schmoren, sie sollten noch Biß haben. Zum Servieren großzügig mit geriebenem Parmesan bestreuen.

Trippa alla fiorentina ist ein traditionelles und preisgünstiges Gericht, das in Florenz gern als schneller Imbiß in einem Panino serviert wird.

Toskanisches Obst und Gemüse auf dem Zentralmarkt von San Lorenzo.

Bistecca alla fiorentina

Pro Person
1 Entrecôte
(ca. 600 g)
Salz und
weißer Pfeffer
1/2 Zitrone
Olivenöl

Eine gute Bistecca bereitet man am besten auf dem Holzkohlengrill zu. Das Fleisch auf den heißen Rost des Holzkohlengrills legen und 4 Minuten auf jeder Seite grillen lassen. Beim Wenden jeweils salzen und pfeffern.
Vor dem Servieren mit einigen Tropfen Zitronensaft und Olivenöl beträufeln.
Die Bistecca wird ohne Beilagen serviert.

Arista di maiale

Für 6 Personen
1 Knoblauchzehe
2 Zweige Rosmarin
Salz und Pfeffer
1 1/2 kg Schweinekotelett am Stück, nicht entbeint
1 kg Kartoffeln
6 EL Olivenöl
extravergine

Knoblauchzehe und die abgezupften Rosmarinblättchen fein hacken und mit Salz und Pfeffer würzen. Das Fleisch am Knochen entlang einschneiden und die Hälfte der Gewürzmischung darin gleichmäßig verteilen. Das Schweinskarree mit Küchengarn wieder in Form binden und ringsherum mit der restlichen Gewürzmischung einreiben.
Das Fleisch in eine große Bratenpfanne setzen, mit den geschälten Kartoffeln umlegen und mit Salz und Pfeffer würzen. Das Ganze mit Olivenöl beträufeln und in dem auf 180 Grad vorgeheizten Backofen etwa eine Stunde braten.
Den Backofen ausschalten und den Braten nach Ende der Garzeit 5 Minuten ruhen lassen. Das Schweinskarree auf ein Brett legen, den Knochen entfernen und das Fleisch in dünne Scheiben schneiden. Auf einer Platte anrichten und mit den Kartoffeln umlegen.

Schiacciata fiorentina

Schiacciata, dieser köstliche Hefekuchen, den man in Livorno unter dem Namen stiacciata kennt und dort statt mit Safran mit Vanille aromatisiert, schmeckt sowohl als Dessert wie auch als süße Mahlzeit zwischendurch.

Für 8 Personen
200 g Zucker
2 Päckchen Trockenhefe
600 g Mehl
1 g Safranpulver
abgeriebene Schale von
1 Orange
1/4 TL Salz
3 Eier
150 g weiche Butter
Puderzucker
etwas Butter für die Form

In einer Schüssel 1 Teelöffel Zukker mit 1/8 Liter lauwarmem Wasser verrühren. Die Hefe unterrühren und etwa 15 Minuten gehen lassen.

Rechts: Vin Santo ist ein trockener Dessertwein, der hervorragend zu Cantucci, einem trockenen Mandelgebäck, paßt.

Mehl, Zucker, Safran, Orangenschale und Salz in einer großen Schüssel vermischen. Hefeansatz und ein Ei zugeben und den Teig kräftig durchkneten. Erst dann die anderen Eier und zum Schluß die Butter einarbeiten. Den Teig kneten, bis er elastisch ist und sich von der Schüssel löst. Mit einem Küchentuch bedekken und einige Stunden gehen lassen.
Den Hefeteig anschließend nochmals 10 Minuten kneten. Eine rechteckige (28 x 22 cm) oder eine quadratische (22 x 22 cm) Form mit Butter ausstreichen und den Hefeteig gleichmäßig darin verteilen. Die Form mit einem Küchentuch bedecken und den Teig nochmals gehen lassen. Die Form in den auf 150 Grad vorgeheizten Ofen schieben und den Kuchen etwa 40 Minuten goldgelb backen. Nach dem Abkühlen mit Puderzucker bestäuben.

Überall in Florenz stößt man auf verlockende Eisdielen.

Sorbeto alle clementine

Für 6 Personen
1 Tasse Zucker
2 Tassen Wasser
1 Tasse frisch gepreßter
Clementinensaft
1 EL Zitronensaft
Clementinenschale

Einen Sirup zubereiten: 1 Tasse Zucker und 1 Tasse Wasser aufkochen und etwa 5 Minuten köcheln lassen. Clementinensaft, 1 Tasse Wasser, Zitronensaft und Clementinenschale zugeben und umrühren.
Den Sirup im Kühlschrank kalt werden lassen, anschließend zum Gefrieren in die Eismaschine geben. Das Clementinensorbet als sommerliche Erfrischung zwischendurch oder als Dessert mit Gebäck oder einem dunklen Schokoladenkuchen servieren.

Der Parmigiano ist ein gekochter Käse, der, wie sein Name verrät, in der Region von Parma (Emilia Romagna) aus entrahmter Kuhmilch hergestellt wird. In der Regel wird er frisch gerieben und über alle denkbaren Gerichte, vor allem über Pasta, gestreut. Köstlich schmeckt er aber auch in Stücke gebrochen zu einem Glas Chianti Classico.

Villa Antinori
Villa Antinori
TIGNANELLO
TIGNANELLO
TIGNANELLO
PÈPPOLI
1987
Tenute Marchese Antinori

RUND UM FLORENZ

S. 32/33: In Impruneta findet man Produkte aus Terrakotta unterschiedlichster Art: Statuen, Tongefäße für Haus und Garten, Blumentöpfe, Geschirr, Wein- oder Wasserkrüge …

Linke Seite: Gute Jahrgänge sind der Stolz des Weinguts Antinori in Badia a Passignano.

In Florenz schweift der Blick häufig auf die nahen Hügel, die, grün und kaum bebaut, noch immer sehr ländlich wirken. Man ahnt, daß sie nicht mehr unberührt sind, und doch staunt man über die unversehrte Natur in unmittelbarer Nähe eines Stadtzentrums. Nach Ihrer verträumten Siesta in den Boboli-Gärten sind Sie die Treppen bis zur Statue der Dovizia, des Überflusses, hinaufgestiegen und gelangten auf die nach Norden ausgerichtete Terrasse. Diese Aussichtsplattform, die man erst sieht, wenn man sie erreicht hat, lohnt wegen des grandiosen Blicks auf die Stadt auf jeden Fall den Umweg. Außerdem beginnt hier tatsächlich schon die ländliche Umgebung mit ihren Olivenbäumen und Eiben, einem Haus hier und da, einem Turm auf einer Hügelkuppe und, in der Ferne, den Bergen. Hier am Rande von Florenz befindet man sich bereits in der toskanischen Landschaft, in der die Geschichte weniger allgegenwärtig ist und sich weniger aufdrängt als in der Stadt.

Der Gallo Nero, der Schwarze Hahn, das Emblem der Liga von Chianti aus dem 13. Jahrhundert, ist heute Qualitätssiegel für den Chianti Classico.

Kein Wunder, daß man sogleich Lust bekommt, in diese Landschaft einzutauchen. Dazu genügt es, ein Stückchen zu laufen, und schon ist man vor den südlichen Toren der Stadt auf der Viale dei Colli, die nacheinander die Namen von Michelangelo, Galilei und Macchiavelli trägt. Sie führt nach San Miniato al Monte hinauf, der Grabstätte des Florentiner Märtyrers Minias. Im Mittelalter entstand dort, inmitten der friedlichen Hügel, eine Benediktinerabtei. Wirklich entdecken kann man die Umgebung von Florenz am besten mit dem Auto. Man fährt von Hügel zu Hügel, macht einen Abstecher nach Fiesole, einer der bedeutendsten Städte der Etrusker. Gegründet wurde sie im 7. oder 8. Jahrhundert, also lange vor der »jüngeren Schwester« und Rivalin Florenz, die den Bischofssitz im 12. Jahrhundert zerstörte. Von dort aus ist es nur ein Katzensprung nach Settignano, wo Michelangelo seine

Panzano im Chianti. Die Häuser liegen weit verstreut in der hügeligen, dichtbewaldeten Landschaft des Chianti.

Das eigentliche Anbaugebiet des Chianti liegt zwischen Siena und Florenz um die Orte Greve in Chianti, Badia a Passignano und Castellina in Chianti. Einige spezielle Abfüllungen kommen jedoch auch aus den Gegenden um Pisa und Arezzo.

Mauro Marri malt seine toskanischen Landschaften auf Kieselsteine, Kork oder Holz.

Jugend verbrachte, zur Villa Gamberaia mit ihrem herrlichen Park und zu dem hübschen Kartäuserkloster Galluzzo.

Florenz ist eine offene Stadt, ausgerichtet auf ihre ländliche Umgebung, in der die Städter im Sommer Zuflucht vor der Hitze suchen und die Reichen sich schon sehr früh »Zweitwohnsitze« zulegten. In einer Zeit, in der die Renaissance die Beziehung zwischen Mensch und Natur neu entdeckte, galten die Medici als die Pioniere eines neuen Lebensstils, der seinen Niederschlag in den sogenannten Villen fand. In Wirklichkeit handelte es sich dabei um kleine Paläste auf dem Land, die der Erholung und dem Vergnügen dienten. Schon seit dem 12. Jahrhundert erwarben die zu Wohlstand gelangten Bürger von Florenz Grundbesitz auf dem Land, in aller Regel ein Herrenhaus mit ein paar schäbigen Pächterhütten.

Nostalgischer Charme: Wegweiser auf der Straße nach Greve.

Die Medici und ihre Nachahmer entwickelten diese Form der Landaufenthalte schließlich zu einer hohen Kunst. Cosimo der Alte ließ zwei festungsähnliche Häuser umbauen, eines in Trebbio und eines in Caffagiolo, und »erfand« damit die toskanische Villa. Er ließ Fenster einsetzen, einen Säulenvorbau und eine Loggia anfügen und rings um beide Häuser

Einfach und schön: Körbe und Hüte aus Stroh.

Das Tor zu den Weinkellern der Antinori, die unterhalb der Abtei von Badia a Passignano liegen.

In dem mittelalterlichen Dorf Radda in Chianti nimmt ein Vorhang aus toskanischem Tuch dem Haustor die Strenge.

Falorni in Greve in Chianti hat einen Ruf zu verteidigen. Seine Spezialität sind Schinken und Wurstwaren von Haus- und Wildschwein: Salame, Salsicce, Soppressa und Buristo.

einen Garten anlegen. Die toskanische Villa öffnet sich zur Natur hin, und ihr Garten ist ein Stück von Menschenhand gebändigte Natur. Mit Hilfe von Alleen, Treppen, Terrassen, Springbrunnen und Statuen entstehen reizvolle Perspektiven, aber auch düstere Winkel mit Grotten (die Boboli-Gärten sind dafür ein eindrucksvolles Beispiel). So wurde die Villa di Castello, der alte Besitz von Lorenzo Il Magnifico, um einen Park von beachtlicher Größe erweitert, der sich auf einem anmutigen Hügel ausbreitet. Er strahlt den Charme und die leise Melancholie verlassener, von der Zeit gezeichneter Anwesen aus, die nach und nach verfallen.

In Poggio a Caiano bewies Lorenzo mehr Ehrgeiz: Er ließ einen heiteren Palazzo mit einem Majolika-Fries bauen, dessen Fassade an einen griechischen Tempel erinnert. Dort empfing der Herrscher von Florenz die europäische Crème de la crème der bildenden Künste und der Literatur. Vierhundert Jahre später machte König Viktor Emanuel II. diesen Palazzo zu seiner Sommerresidenz. So kam es, daß das Dekor der Räume im 19. Jahrhundert übermalt wurde. Die Fresken im Salon, die größtenteils von Andrea del Sarto und Pontormo stammen, blieben zum Glück unversehrt. Auch auf dem hübschen, in der Nähe der Villa di Castello gelegenen Landsitz Petraia hielt sich der König auf. Dieser wurde zwar etwas später erbaut, ist aber dennoch beeindruckend mit seinen barocken Fresken von Volterrano, einem Springbrunnen von Giambologna, einer hübschen Kapelle – und einem romantischen englischen Park.

Folgt man dem Arno in Richtung Westen zum Meer, stellt man fest, daß die Gegend um Pisa und Livorno die Errungenschaften der Moderne und des industriellen Zeitalters widerspiegelt. Wendet man sich nach Osten, wo der Fluß aus den Bergen herabfließt (und oberhalb von Arezzo eine große Schleife zieht), oder nach Norden, woher der Sieve kommt, der in den Arno mündet, ist man schnell in den Bergen. Hier gelangt man in Eichen- und Pinienwäldchen, geht auf die Jagd oder sammelt Pilze. Noch mehr Villen laden zum Besichtigen ein. Auf dem Weg liegen alte Dörfer, und in den Wäldern verbirgt sich das eine oder andere Kloster. Und ringsum erstreckt sich die hügelige Landschaft der Toskana, die sich in anmutigem Auf und Ab bis zu den stolzen Hängen des Apennin hinzieht. In Mugello, am Oberlauf des Sieve, entstanden die ersten

Immer einfallsreich und kunstvoll gestaltet: die Etiketten des Weinguts Antinori, die man auf Wein-, Oliven- und Grappaflaschen findet und die die Qualität des Inhalts unterstreichen.

Wer in Greve die Hauptstraße verläßt und den verheißungsvollen Schildern folgt, wird nicht enttäuscht. Enoteche und Aziende laden zu Verkostungen und Weinkäufen ein, und viel Italienisch braucht man dafür nicht zu können.

Rechts und unten: Impruneta – berühmt für seine Terrakotta-Erzeugnisse – ist ein größerer Marktflecken ohne besonderen Charme. Einmal im Jahr feiert der Ort ein großes, sehenswertes Weinlesefest.

Villen der Medici und mit ihnen die traditionelle Affinität zum Landleben, die in Florenz bis heute anzutreffen ist. Weiter südöstlich erhebt sich fast 1500 Meter hoch der Pratomagno, das Bergmassiv, das den Arno flankiert. An seiner Westseite, in Vallombrosa, gründete Giovanni Gualberto für die dort lebenden Einsiedlermönche den Orden der Vallombrosaner.

Die Casentiner Berge waren das Lehensgebiet der Grafen, die sich gegen die Autorität von Florenz auflehnten. Diese Conti Guidi waren Ghibellinen, also Anhänger des Kaisertums und Verbündete des deutschen Kaisers Friedrich II. im Kampf gegen die Allmacht der Päpste in Italien. Sie waren mit Dante befreundet. Als er Florenz verlassen mußte, nahmen sie ihn bei sich auf. Sie waren sehr stolz auf ihr Kastell Pretorio in dem kleinen Städtchen Poppi, das sie ebenfalls gut befestigt hatten. Dort hinterließen sie eine Bibliothek mit zwanzigtausend Bänden. In Porciano, in der Nähe von Sitia, steht noch eines ihrer Landschlösser, das für seinen Bergfried bekannt ist. Weniger trutzig wirkt die kleine Stadt Bibbiena, die ihre Blüte in der Renaissance erlebte; aus dieser Zeit sind dort noch einige schöne Stadtpaläste erhalten. Pistoia im Nordwesten von Florenz, wie Pisa, Lucca und Florenz selbst eine Gründung der Römer, spielte in den Auseinandersetzungen zwischen Guelfen und Ghibellinen eine nicht unwichtige Rolle. An der Straße nach Pistoia ist in Poggio a Caiano noch heute die Medici-Villa zu besichtigen, die sich Lorenzo Il Magnifico bauen ließ. Damals hielt Florenz schon fast zweihundert Jahre lang seine Hand über diese fünfunddreißig Kilometer entfernte alte Stadt, die im Mittelalter eine kurze Blüte erlebte. Geblieben aus dieser Zeit sind ihr die Stadtmauer und ein paar schöne Baudenkmäler – und ein gewisser Stolz, der es ihr erlaubt, der dominanten »großen Schwester« die Stirn zu bieten.

Historische Ansicht der Villa Rospigliosi.

Die Villa Rospigliosi in Lamporecchio, ein herrschaftliches Anwesen aus dem 15. Jahrhundert, wurde von Bernini (1598 – 1680) für Papst Clemens IX. (1600 – 1669) umgebaut. Heute steht das prunkvolle Anwesen für Bankette, Hochzeiten und Geschäftsessen zur Verfügung.

Da dieses Städtchen mit seinen hübschen Spazierwegen in die Umgebung am Fuß der Berge und näher am Meer liegt als Florenz, kommt es im Sommer etwas häufiger in den Genuß einer frischen Brise. Von einer besonders anmutigen Seite zeigt sich Pistoia rund um die schöne Piazza del Duomo, eine der schönsten Piazze Italiens. Dort läßt sich wunderbar nachvollziehen, wie stark das Gespür für Harmonie, das sich in der Renaissance durchsetzte, schon im Mittelalter entwickelt war. Man verstand es, profane und sakrale Bauten miteinander in Einklang zu bringen, Gotisches (damals die moderne Kunst) mit Romanischem zu verbinden. Dieses harmonische Zusammenspiel ist uns über Jahrhunderte hinweg erhalten geblieben – möglicherweise deshalb, weil Pistoia, als es von Florenz erobert wurde, etwas von seinem Glanz einbüßte und ihm so übertriebene Ambitionen erspart blieben, die das Gesicht der Stadt bestimmt verändert hätten.

Der weiße und grüne Marmor an der Fassade des Doms San Zeno stammt noch aus romanischer Zeit, auch wenn an den Bogen der Vorhalle später Majolika-Kassetten von Andrea della Robbia hinzukamen. In der Stille des Kirchenraums mit seinem mehrfarbigen, offenen Gebälk konnte schon der Dichter Cino da Pistoia, ein Freund Dantes, stundenlang vor einem der schönsten Werke toskanischer Silberschmiedekunst verweilen, dem Altar der Capella di San Jacopo, an dessen über

Auf der Strecke zwischen Florenz und Lucca liegt Montecatini Terme, einer der bedeutendsten und elegantesten Thermalkurorte Italiens. In neoklassischem Ambiente mit einigen Jugendstil-Elementen kann man hier vor allem Krankheiten der Leber und des Verdauungstraktes kurieren.

1977
Badia a Coltibuono
Chianti Classico
Riserva

1994
CHIANTI CLASSICO

LE PERGOLE TORTE

Die Weinmacher im Chianti haben in den letzten zehn Jahren ihre Technologie revolutioniert. Die traditionelle Chianti-Flasche wurde von der grünen Bordeaux-Flasche abgelöst. Und fast überall reift heute der Wein in den kleinen, ebenfalls aus Frankreich stammenden Barrique-Eichenholzfässern.

Die traditionellen Chianti-Flaschen sind mittlerweile ein Relikt der Vergangenheit.

Der Baron Bettino Ricasoli, eine der herausragenden Persönlichkeiten im Chianti, trug maßgeblich zur Wiederherstellung des guten Rufes der Weinregion bei.

sechshundert Figuren Generationen von Goldschmieden rund 170 Jahre lang arbeiteten. Dargestellt sind neben Szenen aus dem Leben des Heiligen, dem er gewidmet ist, Szenen aus dem Neuen Testament und der Schöpfungsgeschichte.

Anmutig erhebt sich der Campanile über die Piazza del Duomo, das Baptisterium, den Palazzo del Podestà, den Palazzo del Comune und den Palazzo Vescovile. In den letzten beiden sind Museen untergebracht, in denen man außer herrlichen Fresken, Gemälden und Skulpturen auch kostbare sakrale Exponate aus Kirchenbesitz bewundern kann.

Etwas abseits, in der ehemaligen Kirche Sant' Antonio dei Frati del T (Tau), wird einem anderen Sohn der Stadt gedacht: dem bedeutendsten italienischen Bildhauer des 20. Jahrhunderts, Marino Marini (1901–1980), der in seinen Werken vorwiegend altägyptische und etruskische Vorlagen aufgriff und abstrahierte. Eines seiner Hauptthemen ist der Reiter.

Prato, fünfzehn Kilometer von Pistoia und zwanzig von Florenz entfernt, ist eine mittelgroße Stadt, die vor allem für ihre Textilindustrie bekannt ist, aber durchaus auch beeindruckende Kunstwerke aufzuweisen hat. Neben dem dreischiffigen Dom Santo Stefano mit seinen Marmorsäulen und der schönen, kreuzförmigen Kirche Santa Maria delle Carceri ist auch das Museo del Tessuto, das Stoffmuseum, einen Besuch wert. Es besitzt eine phantastische Sammlung unterschiedlichster Stoffe aus allen Epochen und aus aller Herren Länder. Florenz hatte einen Teil seines Reichtums der enormen wirtschaftlichen Bedeutung der in Prato hergestellten Stoffe zu verdanken, die nach ganz Europa und darüber hinaus exportiert wurden. Hier wurde auch ein entscheidendes Instrument des Kapitalismus der Renaissance erfunden, nämlich der Wechsel, der Vorläufer des Schecks, der es dem Käufer ermöglichte, seine Gläubiger zufriedenzustellen, ohne Bargeld bei sich zu haben.

Fährt man von Florenz nach Südosten in Richtung Siena, kommt man in das Chianti-Gebiet – niedrige Berge mit

Viele der alten Häuser in der Toskana sind inzwischen aufwenig hergerichtet worden. Sie werden nicht nur von Italienern immer häufiger als Zweitwohnsitz genutzt, was bei den Einheimischen auf wenig Zustimmung stößt.

Oberhalb von Greve liegt die kleine Ortschaft Montefioralle, eines der bezauberndsten Dörfer der Region, wo sich die toskanische Küche und der Chianti aufs angenehmste genießen lassen.

Östlich von Pistoia liegt das Kloster von Ponte-nuovo, das zu einem einladenden Hotel umgebaut wurde.

gerundeten Kuppen, die aber dennoch so steil ansteigen, daß sich die Straßen in engen Kurven emporwinden; über die Hänge breiten sich Weingärten und Olivenhaine, auf den Bergkuppen stehen Eichen, man entdeckt hochgelegene Dörfer, Schlösser, Türme und hier und da ein imposantes Landgut, schon von weitem an ein paar Eiben zu erkennen. Durch dieses Gebiet führt *La Chiantigiana*, die Straße, die die beiden großen Städte verbindet. Will man jedoch ins Herz des Chianti, muß man sich ein wenig rechts halten.

In Castelnuovo Berardenga oder Brolio, in Gaiole oder Badia a Coltibuono befindet man sich mitten in den Weinbergen, wo seit dem Mittelalter Wein angebaut wird. Die einflußreichen Familien des Chianti besaßen hier schon immer Schlösser und später auch Villen – in die Berge eingebettete Zeichen ihrer Macht, die der Reisende oft nur durch Zufall entdeckt. In manchen Dörfern stehen noch alte Befestigungsanlagen, die heute freilich recht schlicht wirken.

Weiter geht es nach Radda, einem mittelalterlichen Marktflecken im Chianti mit den Resten eines alten Kastells. Dort gibt es eine Enoteca an der anderen – Geschäfte, in denen die Weine aus der Gegend verkauft werden.

Weinlese im Chianti.

Hier in fünfhundert Meter Höhe hat man nach allen Seiten hin einen grandiosen Blick über die Landschaft. Die farbigen Streifen der Weingärten fügen sich malerisch in die dunklen Flecken der Wälder. Hier befand sich früher das Zentrum der

Rechte Seite: In den Kellern der Badia Coltibuono lagert der Chianti, bis er sein optimales Alter erreicht hat. Die Weinverarbeitung wird immer ausgefeilter, eine strikte Herkunftskontrolle garantiert Qualität und sichert damit dem Chianti seinen Platz unter den großen Weinen.

Lega di Chianti, einer berufsständischen Organisation, deren Wurzeln bis ins Mittelalter zurückreichen. Inzwischen wurde sie in das nahe gelegene Dorf Castellina verlegt, das mit seinem zinnenbewehrten Schloß ebenfalls auf einem Hügel liegt.

Folgt man weiter der Straße nach Florenz, gelangt man nach Greve, früher ein verschlafener Marktflecken. Heute herrscht hier reges Treiben, vor allem samstags, wenn die Händler auf der hübschen, von Arkaden umrahmten Piazza Matteotti ihre Marktstände aufbauen, an denen es von Fisch, Fleisch und Kräutern über Käsereiben und Korken bis hin zu Unterhosen und Strickjacken alles gibt, was die Menschen aus dem Umland so brauchen.

Dekorative Malerei auf einem alten Karren.

Anschließend fährt man hinauf in das hübsche mittelalterliche Dorf Montefioralle und nach Badia a Passignano, dessen Kirche von Ghirlandaio ausgestaltet wurde.

Bald wird die Sonne untergehen, aber noch taucht sie die Berge in ein goldenes Licht. Es ist Zeit, nach einem Quartier für die Nacht Ausschau zu halten. Da es in dieser Gegend weniger Hotels, Gasthöfe und Restaurants gibt, als man meinen möchte, sollte man sich nicht allzu spät auf die Suche machen. Doch man ist an Gäste gewöhnt, die sich von der wunderbaren Landschaft und vom Wein haben anlocken lassen. Sie werden mit warmherziger Gastfreundschaft empfangen. Und wenn Sie Glück haben, bekommen Sie auch noch eines jener unwiderstehlichen Omelettes mit weißen Trüffeln und dazu einen Chianti aus den eigenen Weinbergen.

Was wäre das Leben in Italien ohne Müßiggang? Farniente in Pistoia.

Der Chianti, den man hier bekommt, ist classico. Das ist der echte, der traditionelle Chianti mit dem Gallo Nero, dem Schwarzen Hahn, als Emblem. Im Gegensatz zu anderen Weinen handelt es sich um eine Mischung aus roten Trauben (Sangiovese und Canaiolo) und weißen (Trebbiano und Malvasia), die diesem Wein seinen besonderen Charakter verleiht. Die Zusammensetzung des Chianti wurde vor rund 100 Jahren von Bettino Ricasoli »erfunden«, der auch ein neuartiges Kelterverfahren entwickelte. Lange Zeit genoß der durch seine bauchige, mit Bast umhüllte Flasche bekannt gewordene Wein einen dubiosen Ruf – leider nicht zu Unrecht, da er vielfach nachgemacht und die Einhaltung qualitativer Mindestanforderungen nicht überwacht wurde. Doch seit rund fünfzehn Jahren zählt der Chianti Classico wieder zu den ganz großen Weinen. Die Toskana hat es verdient.

Das Etikett einer Salami, wie sie beispielsweise in dem traditionellen Gericht Taglioni al salame verwendet wird.

1963

Die Tomate, auf italienisch Pomodoro (goldener Apfel), wurde im 16. Jahrhundert aus Mexiko eingeführt und wird heute in allen möglichen Formen – rund, oval, gerieft und getrocknet – angeboten. Sie verleiht vielen italienischen Gerichten die typische Farbe.

Passato di ceci con gli zoccoli

Für 6 Personen
400 g Kichererbsen
1 große Karotte
1 Stange Sellerie
1 große Zwiebel
3 Tomaten, geschält und feingehackt
1 Knoblauchzehe, feingehackt
1 Zweig Rosmarin
Salz und Pfeffer
6 Scheiben Bauernbrot, gewürfelt
Olivenöl extravergine

Die Kichererbsen über Nacht in kaltem Wasser einweichen. Am nächsten Morgen abgießen, die Kichererbsen unter fließendem kaltem Wasser abspülen und mit 3 Liter kaltem Salzwasser in einen Topf geben. Karotte, Sellerie und Tomaten zugeben. 10 Minuten stark kochen lassen, dann bei niedriger Temperatur etwa 2 Stunden leise köcheln.

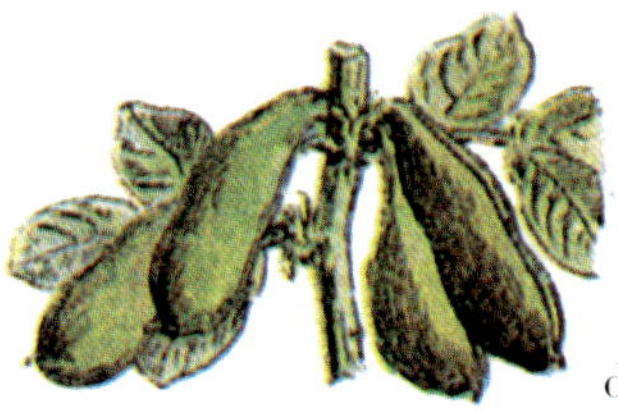

Am Ende der Garzeit die Kochflüssigkeit abgießen und auffangen. Das Gemüse etwas abtropfen lassen und durch ein Sieb passieren. Falls das Püree zu dick geraten ist, mit etwas Kochflüssigkeit verdünnen und wieder in den Topf geben.
Knoblauch und Rosmarin zugeben und unter ständigem Rühren mit einem Holzlöffel langsam aufkochen. Das Püree etwa 5 Minuten köcheln lassen, anschließend mit Salz und Pfeffer abschmecken. Die Brotwürfel in einer Pfanne in Olivenöl goldgelb rösten, auf 6 tiefe Teller verteilen und das Kichererbsenpüree darüber geben. Das Gericht mit Olivenöl beträufeln und etwas schwarzen Pfeffer aus der Mühle darüber geben.

Etikett des Weingutes Castello di Brolio.

Risotto ai carciofi

Für 6 Personen
60 g Parmaschinken
2 Zwiebeln
6 Artischocken von je 150 g
3 EL Olivenöl
75 g Butter
350 g Arborio-Reis
150 ml trockener Weißwein
1 1/2 l Geflügel- oder Gemüsebrühe
60 g Parmigiano
Salz und Pfeffer

Den Schinken und Zwiebeln fein hacken. Von den Artischocken die Stiele und die äußeren Blätter abbrechen, die Blattspitzen abschneiden und das Heu entfernen. Die Artischockenböden schälen und in 1/2 cm dicke Scheiben schneiden.
Das Öl und 2 Eßlöffel Wasser in einer beschichteten Pfanne erhitzen und die in Scheiben geschnittenen Artischockenböden darin unter ständigem Rühren 5 Minuten anbraten. Die Hälfte der Butter, den Schinken und die Zwiebeln zugeben und 3 Minuten schmoren lassen. Den ungewaschenen Reis zufügen. Etwa 3 Minuten rühren, bis er eine goldgelbe Farbe angenommen hat.
Nach und nach den Weißwein zugießen. Wenn der Reis den Wein ganz aufgenommen hat, etwas heiße Brühe zugießen und umrühren. Mit der Zugabe von Brühe immer so lange warten, bis der Reis die Flüssigkeit ganz aufgenommen hat. Wenn der Risotto gar ist, zuerst die restliche Butter, dann den geriebenen Parmesan unterrühren.
Zugedeckt einige Minuten ziehen lassen, zum Schluß den Schinken unterrühren und servieren.

Penne al sugo di carne

Für 4 Personen
400 g Rindfleisch
1 Handvoll getrocknete Steinpilze

Auch mit grünem Spargel läßt sich ein köstliches Risotto zubereiten. Das Rezept unterscheidet sich nicht von dem auf dieser Seite ausgeführten.

1 Zwiebel, feingehackt
1 Karotte, feingehackt
1 Selleriestange, feingehackt
2 Zweige Basilikum
Olivenöl
1 Löffel Rindermark
5 Tomaten, geschält
Salz und Pfeffer
geriebener Parmesan

Die Steinpilze in lauwarmem Wasser einweichen. Das Fleisch in sehr feine Streifen schneiden. Die Gemüse und das Basilikum bei schwacher Hitze in Olivenöl mit dem Mark 15 Minuten dünsten. Das Fleisch und die Tomaten hinzufügen. Würzen. Bei geringer Hitze weitere 15 Minuten schmoren. Das Fleisch herausnehmen und mit den Pilzen zusammen sehr fein hacken. Die Mischung mit dem Pilzwasser wieder in den Topf geben und 30 Minuten köcheln lassen. Gleichzeitig die Penne in Salzwasser al dente garen. Sugo auf die Pasta geben. Mit Parmesan servieren.

Insalata di melanzane

Für 6 Personen
1 große Aubergine
150 ml Olivenöl
1 feingehackte Zwiebel
2 Stangen feingehackter Sellerie
2 mittelgroße Karotten, feingehackt
150 g entsteinte grüne Oliven
6 Tomaten, geschält und feingehackt
Salz und Pfeffer
1 EL Kapern
1 EL Pinienkerne
1/8 l Weißweinessig

Melanzane – Auberginen, persischen Ursprungs, sind aus der toskanischen Küche nicht wegzudenken.

In einer gußeisernen Pfanne 120 ml Olivenöl erhitzen und die gewürfelte Aubergine bei mittlerer Hitze darin goldbraun braten. Das Gemüse aus der Pfanne nehmen, auf Küchenpapier abtropfen lassen und beiseite stellen. Das restliche Öl in der Pfanne erhitzen, Zwiebel, Sellerie, Karotten, Oliven und Tomaten zugeben, mit Salz und Pfeffer würzen und 10 Minuten bei mittlerer Temperatur unter gelegentlichem Rühren schmoren. Kapern, Pinienkerne und Essig unterrühren und nochmals 5 Minuten köcheln lassen. Die Pfanne vom Herd nehmen, die Sauce etwas abkühlen lassen. Die Auberginenwürfel unterrühren, abschmecken und das Gemüse heiß oder lauwarm auftragen.

Fave al tegame

Für 6 Personen
1 EL Olivenöl
1 feingehackte Knoblauchzehe
1 feingehackte Zwiebel
1 EL feingehackter Rosmarin
100 g magerer Speck, in dünne Streifen geschnitten
500 g reife Tomaten, geschält und feingehackt
800 g enthülste Saubohnen
Salz und Pfeffer

Das Öl in einer Kasserolle erhitzen. Knoblauch, Zwiebel und Rosmarin sanft darin anbraten. Die Speckstreifen zugeben und bei niedriger Temperatur auslassen. Die Tomaten unterrühren, Saubohnen hineingeben und mit Salz und Pfeffer würzen. Zugedeckt etwa 20 Minuten leise schmoren lassen.
Das Gemüse abschmecken und servieren.

Pollo all'arrabbiata

Für 4 Personen
3 schöne Tomaten, geschält und grobgehackt
4 Knoblauchzehen
1 Zweig Basilikum
Olivenöl
1 Landhuhn (1,5 kg)
1 Karotte, feingehackt
1 Selleriestange, feingehackt
1 Zwiebel, feingehackt
3 Stengel Petersilie, gehackt
Oregano
1/4 l Chianti
3 Peperoncini
Salz

Zuerst eine Tomatensauce zubereiten: Dazu die Tomaten bei schwacher Hitze in Olivenöl mit zwei Knoblauchzehen und dem Basilikum 20 Minuten dünsten. Salzen und beiseite stellen. Das Huhn in sechs Stücke zerlegen und salzen.
In Olivenöl zunächst die Karotten, den Sellerie, die Zwiebel und den restlichen feingehackten Knoblauch, dann auch das Huhn goldbraun anbraten. Das Ganze in einen Römertopf geben. Die Tomatensauce, Petersilie, Oregano und die Hälfte des Chianti hinzufügen. Bei 220 Grad etwa zwanzig Minuten lang im Ofen schmoren. Kurz vor Ende der Garzeit den restlichen Wein und die in kleine Würfel geschnittenen Pfefferschoten hinzufügen.

Pan all'uva

Für 8 Personen
200 g Rosinen
50 g Hefe
1 kg Mehl
200 g Zucker
50 g Butter
150 g Walnußkerne
10 g Kuchengewürz
15 g Anissamen
1 Zweig Rosmarin
2 mittelgroße blaue Trauben

Die Rosinen etwa 20 Minuten in Wasser einweichen. Die Hefe mit einer Tasse lauwarmem Wasser verrühren. Nach und nach das Mehl zugeben und zu einem glatten Teig verkneten. Den Hefeteig zugedeckt etwa 15 Minuten gehen lassen. In einer anderen Schüssel Zucker, Butter, 100 g Walnußkerne, die Gewürze, Anissamen, Rosmarinnadeln, Rosinen und die Beeren einer Weintraube vermischen. Den Hefeteig zugeben und das Ganze etwa 10 Minuten kräftig durchkneten, bis der Teig glatt und elastisch ist.
Eine kleine Springform mit Butter ausstreichen, den Teig darin gleichmäßig verteilen und mit den restlichen Walnußkernen und Weintrauben bestreuen. Nochmals 20 Minuten gehen lassen. Im vorgeheizten Ofen bei 180° etwa 30 Minuten backen, bis er goldgelb und gar ist.

Von Fiesole aus hat man einen unvergleichlichen Blick auf Florenz.

In Montelupo, Zentrum der Keramikherstellung, gibt es einige noch ursprünglich erhaltene Trattorie. Hier kann man es noch erleben, daß die Mamma persönlich am Herd steht und daß erst eingekauft wird, wenn die Gäste bestellt haben. Einmal gestärkt, sollte man nicht den Besuch des Keramikmuseums mit Exponaten aus mehreren Jahrhunderten versäumen.

Die Frucht des Olivenbaums paßt ihre Farbe den Jahreszeiten an.

PISA UND UMGEBUNG

In der Heimat von Boccherini (1745 – 1805) und Puccini (1858 – 1924) liebt und pflegt man die Tonkunst. Musikliebhaber finden sich regelmäßig zu den jährlich wiederkehrenden Festspielen ein. Hier, beim Turnier der Armbrustschützen im Juli, läßt eine Kapelle die Rhythmen alter Märsche hören.

Der Turm von Pisa, wir alle wissen es, steht schief. Das ist nicht etwa eine Sinnestäuschung, die sich mit übermäßigem Chianti-Genuß erklären ließe, sondern eine uralte Tatsache, die schon den Baumeistern im 12. und 13. Jahrhundert Kopfzerbrechen bereitete. Schuld daran ist der ständig nachgebende Schwemmlandboden, auf dem das Wahrzeichen der Stadt steht. Würde es eines Tages einstürzen, hätte das nicht nur verheerende Folgen für den Tourismus; damit würde gewissermaßen auch ein Teil der italienischen Geschichte einstürzen. Um diese Katastrophe zu verhindern, hat man den gefährdeten Campanile mit Zementinjektionen behandelt, ihm ein Korsett aus Stahlseilen verpaßt und ihn an ein Netz hochentwickelter Sensoren angeschlossen, die jedes noch so leise Ächzen registrieren. Therapeutische Verbissenheit, meinen einige Kritiker, denn schließlich seien auch die großartigsten und außergewöhnlichsten Kunstschätze nicht für die Ewigkeit geschaffen.

So schön, so berühmt und so symbolträchtig der Schiefe Turm von Pisa auch ist, man sollte darüber die Stadt nicht vergessen, die noch ganz andere Reize zu bieten hat. »Pisa mag kein aufregender Ort sein, nicht sehr anregend, um dort zu leben«, meinte Henry James, »doch es ist ein vorzüglicher Ort, um darin zu sterben.«

Nicht leugnen läßt sich freilich, daß der Tod in Pisa – in Gestalt eines monumentalen Bauwerks auf dem Campo dei Miracoli – einen ganz besonderen Raum einnimmt. Die Rede ist vom Camposanto, dem von einer Mauer umschlossenen, nur durch zwei Portale zugänglichen Friedhof, der den Dombezirk im Nordosten begrenzt. Er hat die Form eines länglichen Kreuzgangs, dessen Rundbogen ein offenes Rasengeviert umschließen.

Angeblich gab es mehrere Gründe für den Bau dieses Friedhofs, mit dem 1278 begonnen wurde, dessen Fertigstellung

Alle vier Jahre findet in Pisa die Regatta der historischen vier Seemächte Amalfi, Genua, Pisa und Venedig statt.

S. 52/53: Häuserfassade an einem Kanalufer in Livorno.

Linke Seite: Die Villa Garzoni in Collodi gilt als besonders schönes barockes Bauwerk. Über eine monumentale Treppenanlage gelangt man in den dazugehörigen, terrassenförmig angelegten Park.

Die Kanäle von Livorno verleihen der Altstadt einen gewissen venezianischen Charme.

sich jedoch bis ins 15. Jahrhundert hinzog: Zum einen wollte man die Umgebung des Doms von den vielen Grabstätten befreien, die dort im Lauf der Zeit angelegt worden waren, zum anderen brauchte man Platz, um etliche römische Sarkophage unterzubringen, die man gefunden hatte, und schließlich schuf man auf diese Weise angemessene Grabstätten für die pisanischen Adelsfamilien. Zu diesem Zweck holte Erzbischof Ubaldo dei Lanfranchi anläßlich des Ersten Kreuzzuges ganze Schiffsladungen voll heiliger Erde vom Hügel Golgatha, auf dem Jesus gekreuzigt worden war. Dieser Erde schrieb man die Eigenschaft zu, Skelette binnen vierundzwanzig Stunden zu reinigen und damit den Friedhof in einen heiligen Ort zu verwandeln.

Fischerboote im Hafen von Livorno.

Ungewöhnlich war freilich die Idee, statt eines einfachen Friedhofs dieses gewaltige Gebäude zu errichten. Seine schmucklose gotische Fassade wurde den anderen Bauwerken auf dem Domplatz angeglichen. Im Inneren dieser gewaltigen Begräbnisstätte herrscht eine ernste Stille, die den Besucher in ihren Bann zieht. Vielleicht hat sie Henry James auf den Gedanken gebracht, daß es schön sein

Dekor der Belle Époque schmückt ein Haus in Lucca.

Livorno ist die bedeutendste Hafenstadt der Toskana. Die alte Stadt hat sich in weiten Teilen zu einem großen, modernen Handelszentrum gewandelt. Trotz wachsender Industrie ist Livorno ein beliebtes und vielbesuchtes Seebad geblieben. Von hier aus gibt es Schiffsverbindungen zu den kleinen toskanischen Inseln sowie nach Elba, Korsika, Sardinien und Sizilien.

Das Wahrzeichen von Pisa ist der weltbekannte Schiefe Turm. Um die Touristenattraktion vor dem Umfallen zu bewahren, werden laufend neue Methoden erprobt.

S. 58/59: In der Umgebung von Pisa.

Die elegante Marmorfassade der Kirche San Michele in Lucca aus dem 13. Jahrhundert sollte eigentlich eine monumentale Basilika schmücken, die aber aus Geldmangel nicht gebaut wurde. Die Piazza San Michele bildete einst das römische Forum.

müsse, in Pisa zu sterben. Er hatte noch Gelegenheit, die weitgehend unversehrten Wandmalereien von Benozzo Gozzoli aus dem 15. Jahrhundert zu bewundern. Im Zweiten Weltkrieg wurden diese amüsanten toskanischen Varianten alttestamentarischer Szenen, die die südliche Galerie schmücken, durch Bomben schwer beschädigt.

Die Fassade des Doms von Pisa führt das Programm der pisanischen Romanik vor. In den Nachbarstädten Lucca und Pistoia fand der Baustil Nachahmung.

Tief beeindruckend ist und bleibt das monumentale Fresko mit dem Titel *Triumph des Todes*, das ein unbekannter Künstler im 14. Jahrhundert unter dem Eindruck der Pest schuf, die kurz zuvor in der Gegend gewütet hatte.

Im Gegensatz dazu ist die schöne Frau, die ausgestreckt auf dem neoklassizistischen Kenotaph des Newton-Schülers Fredericus Magnus liegt, Balsam für die Seele des Betrachters – selbst wenn sie ihn daran erinnert, daß auch er eines Tages abtreten muß.

Gehen wir wieder hinaus auf den Campo dei Miracoli, der seinen Namen zu Recht trägt, und begeben wir uns in den Dom, einen stattlichen ro-

Für die Olivenernte legt man unter den Bäumen große Netze aus, von denen die Früchte ohne viel Mühe aufgesammelt werden können. Kenner mißbilligen diese Methode. Ihrer Meinung nach muß jede Olive einzeln zum optimalen Reifezeitpunkt mit der Hand gepflückt und auf ihre Qualität hin überprüft werden. Nur aus diesen ausgesuchten Oliven lasse sich Öl bester Qualität pressen.

An vielen Hauseingängen der Toskana findet man phantasievoll gestaltete Türklopfer.

manischen Kirchenbau und ein Meisterwerk jenes Stils, der von Fachleuten schlicht als die pisanische Variante romanischer Baukunst bezeichnet wird. Ein Stil, in den islamische Einflüsse ebenso Eingang fanden wie gotische. Die Besonderheit dieses Stils zeigt sich auf den ersten Blick in der mit weißem Marmor verkleideten Fassade, und ihre auf Halbsäulen ruhenden Blendarkaden und offenen Galerien scheinen die ganze Fülle des südlichen Lichts aufzunehmen.

Im Innenraum findet diese klare Eleganz in der herrlichen Holzkassettendecke und der elliptischen, ausgemalten Kuppel ihre Entsprechung. Das bedeutendste Kunstwerk des Doms jedoch ist die Kanzel, an der Giovanni Pisano zwölf Jahre lang gearbeitet hat. Seine üppigen Reliefs – Szenen aus dem Neuen Testament, Propheten und menschliche Figuren – sind voll dramatischer Ausdruckskraft. Von Bescheidenheit ist hier nichts zu spüren.

Nur zwei Schritte weiter hängt eine Bronzelampe, die vermutlich völlig bedeutungslos wäre, verdankte ihr die Menschheit nicht eine wegweisende Entdeckung, die die Wissenschaft einen großen Schritt weitergebracht hat. Denn Galileo Galilei begriff dank dieser Lampe das Gesetz des Isochronismus (das besagt, daß schwingende Körper unabhängig von der Größe des Ausschlags immer die gleiche Schwingungsdauer aufweisen).

Die wunderschöne heilige Margarete von Andrea del Sarto kümmert das heute bestimmt wenig.

Sobald im Herbst die Steinpilzsaison beginnt, bieten fliegende Händler auf den Dorf- und Landstraßen ihre Ware an.

Im Baptisterium, dem vierten Bauwerk des Dombereichs, steht frei im Raum die berühmte sechseckige Kanzel von Nicola Pisano, die in der italienischen Bildhauerei den Beginn der Gotik einläutet.

Neben Elementen aus der französischen Gotik und der griechischen Antike spielen islamische Einflüsse eine Rolle.

Die eigentliche Attraktion des Palazzo Controni-Pfanner, direkt an der Stadtmauer in Lucca gelegen, ist sein französischer Garten mit zahlreichen barokken Statuen (ganz oben). Der Palast selbst beherbergt heute eine Sammlung von Kostümen und kostbaren Seiden.

Die Bella Donna bewacht die Piazza Salvatore in Lucca.

Nozzano Castello ist ein ruhiger Marktflecken, wie er für die Gegend um Lucca typisch ist.

Die Casetta delle Selve *in San Giuliano Terme wurde von der passionierten Malerin Nicla Menchi zu einem hübschen Hotel umgebaut. Die eigenwillige Künstlerin hat jedes der sechs Zimmer in einem anderen Farbton ausgestattet: Hier ein Blick in das Blaue Zimmer.*

Doch nun begeben wir uns endlich in die alten Stadtviertel der ehemaligen Hafenstadt Pisa. Wir spazieren die Via delle belle Torri entlang, deren alte Pracht noch gut erhalten ist. Sie stammt aus der Zeit, als die Sümpfe trockengelegt wurden, der Arno noch über die Ufer trat und die Stadt sich dank ihrer mächtigen Flotte gegen die Erzrivalen Genua und Venedig behaupten konnte, der Zeit, als Pisa Korsika, Sardinien und die Balearen beherrschte und im gesamten Mittelmeerraum Handel trieb. Man meint, noch immer den Duft orientalischer Parfüms in den Gäßchen eines alten Viertels wahrzunehmen. Über den alten Ponte di Mezzo gelangt man ans andere Ufer – nicht bevor man Garibaldi zugewunken hat, der aufrecht und stolz am Beginn des Borgo Stretto steht. Diese Straße setzt sich am linken Ufer im Corso Italia fort, der ganz den Fußgängern gehört. De facto bilden die beiden Straßen eine einzige große Einkaufsmeile, die sich quer durch Pisa zieht.

Mag sein, daß Henry James die Stadt als zu klein und zu provinziell empfand, um dort leben zu wollen, aber sie ist auf alle Fälle angenehmer und heiterer, als er sie erlebt hat. Die Piazza dei Cavalieri, zur Glanzzeit Pisas das Stadtzentrum, strahlt noch immer eine bescheidene Größe aus. Auf

Die lange Nase von Pinocchio schmückt auch die Etiketten eines Weins aus der Region.

Collodi, ein hübsches Dorf zwischen Lucca und Florenz, ist der Geburtsort des Schriftstellers Carlo Lorenzino (1826 – 1890) und gleichzeitig das Pseudonym, unter dem er seinen weltberühmten Pinocchio *veröffentlichte.*

Die Fresken im rechten Flügel der Villa Mansi erzählen von den Freuden der Musik und des Tanzes.

Die elegante Villa Mansi, erbaut im 16. Jahrhundert, liegt inmitten eines wunderschönen englischen Gartens. Die Seidenhändler-Familie Mansi erwarb das Anwesen in der Nähe von Lucca im 18. Jahrhundert.

der Piazza Dante Alighieri, vor der Universitätsbibliothek, findet man immer ein schattiges Plätzchen zum Lesen. Die Kirchen Santa Caterina, San Zeno und Santa Maria della Spina sind bezaubernd. Außerdem liegt Pisa so nahe am Meer, daß man mal schnell nach Marina di Rosa oder Viareggio zum Baden fahren kann. Und von Livorno aus gelangt man mit dem Schiff zu den kleinen toskanischen Inseln Gorgona und Capraia oder auch bis nach Sardinien.

Fährt man nach Norden in Richtung der Berge, ist man nach rund zwanzig Kilometern in Lucca, das eine gewisse provinzielle Pracht ausstrahlt, die auf die Römerzeit und das Mittelalter zurückgeht.

Innerhalb der imposanten Stadtmauern, die in einem Rundgang um den alten Stadtkern in zwölf Meter Höhe einladen, kann man hübsche Spaziergänge unternehmen.

Lucca ist eine Stadt voller Ruhe und Harmonie. Seine Straßen sind mit hohen, düsteren Häusern gesäumt, die willkommenen Schatten spenden und denen man den Reichtum ansieht, zu dem dieses Handelszentrum schon früh durch die Herstellung von Blattgold, Seiden- und Brokatstoffen gelangte. Später ermöglichte es dieser Reichtum der Stadt sogar, sich für eine gewaltige Summe ihre Unabhängigkeit von Florenz zurückzukaufen. Napoleon

In Lucca können die Katzen ein ruhiges und ungefährdetes Leben führen. Innerhalb der historischen Stadtmauer gibt es keinen Autoverkehr.

schließlich ließ die Luccheser Republik in ein Fürstentum umwandeln, das er seiner Schwester Elisa übertrug, einer recht passablen Herrscherin.
Doch der wahre Held von Lucca ist Giacomo Puccini, der als Bronzestatue noch heute gemütlich vor seinem Geburtshaus sitzt, in dem ein Museum untergebracht ist.

Der Komponist liebte seine Stadt; er ging oft in der Umgebung des Doms San Martino und der Kirche San Michele spazieren, zwei wunderbaren Beispielen für die pisanische Romanik, schlenderte dann weiter zur Piazza del Mercato, die die Form des römischen Amphitheaters beibehalten hat, auf dessen Grundfesten sie ruht, und genoß schließlich von den Befestigungsanlagen aus den Blick auf die Berge.
Folgen wir seinem Beispiel, bevor wir uns aufmachen, um das Umland zu erkunden und die Villen zu besichtigen, die zwischen dem 16. und 18. Jahrhundert von den reichen Kaufmannsfamilien gebaut wurden. Anschließend fahren wir dann vielleicht weiter nach Norden, erst in das touristische Zentrum Massa, anschließend nach Carrara mit seinen Hunderten von Marmorbrüchen, aus denen bereits Michelangelo das Material für seine Skulpturen bezog und die noch immer nicht erschöpft sind. Auch heute noch lassen sich viele Bildhauer dort den berühmtesten aller Steine zuschneiden.

Art-déco-Fassade einer Villa am Rande von Lucca.

Steinpilze, italienisch porcini, und Eßkastanien bilden im Herbst einen wichtigen und wohlschmeckenden Bestandteil vieler toskanischer Spezialitäten.

Insalata di funghi porcini

Für 6 Personen
1 TL Salz
3 EL Zitronensaft
1 Tasse Olivenöl
1 TL frisch gemahlener schwarzer Pfeffer
2 EL feingehackte Petersilie
1 EL feingehackte Minze
500 g kleine, feste Steinpilze
175 g gemischte Blattsalate
60 g Parmigiano

In einer kleinen Schüssel das Salz in dem Zitronensaft auflösen. Nach und nach das Olivenöl unterrühren. Mit Pfeffer abschmecken und mit den feingehackten Kräutern aromatisieren.
Die Pilze vorsichtig säubern. Der Länge nach in hauchdünne Scheiben schneiden.

Ausgerüstet mit Stock, Korb und Messer, durchstreifen die Pilzesammler im Herbst die Wälder.

Auf einem Teller die gemischten Blattsalate anrichten und mit einem Spritzer Zitronensaft beträufeln. Die Steinpilze auf dem Salatbett verteilen. Mit der Sauce beträufeln, mit hauchdünn gehobeltem Parmesan bestreuen und sofort servieren.

Zuppa di farro

Diese traditionelle toskanische Suppe bereitet man aus Dinkel – einem kräftigen Getreide mit nußartigem Aroma –, dicken Bohnen, Kichererbsen und Brot zu.

Für 6 Personen
150 g Borlotti-Bohnen
150 g Cannellini-Bohnen
250 g Dinkel
100 g Kichererbsen
6 EL Olivenöl extravergine
2 Knoblauchzehen
2 Zweige Rosmarin
1 1/2 EL Tomatenmark
Salz und Pfeffer
Toskanabrot

Die Bohnen und Kichererbsen getrennt über Nacht in kaltem Wasser einweichen.
Vor der Zubereitung den Dinkel unter fließendem kaltem Wasser abspülen und beiseite stellen. Bohnen und Kichererbsen abgießen, das Einweichwasser der Bohnen auffangen. Die Hülsenfrüchte in einen großen Topf geben und mit 3 Liter kaltem Wasser bedecken. Den Topfinhalt zum Kochen bringen, 10 Minuten stark kochen, anschließend zugedeckt etwa 2 Stunden leise köcheln lassen. Die Suppe am Ende der Garzeit mit Salz würzen.
In einem großen Topf den halbierten Knoblauch sowie den Rosmarin in heißem Olivenöl sanft anbraten. Wenn der Knoblauch goldbraun ist, das Tomatenmark mit einem Glas heißem Wasser verrühren und zugeben. Das Einweichwasser der Bohnen zugießen, aufkochen lassen und den Dinkel unterrühren. Etwa 1 Stunde leise köcheln lassen.
Die gekochten Bohnen und Kichererbsen zugeben, einige Minuten köcheln lassen und alles mit Salz und Pfeffer abschmecken.
Den Boden einer Suppenterrine mit einigen Brotscheiben auslegen, die Suppe zugießen und kurz ziehen lassen.
Die Dinkelsuppe mit etwas Olivenöl beträufelt in der Terrine servieren.

Caciucco alla livornese

Für 6 Personen
800 g Fische, z. B. Drachenkopf, Rochen, großes Petermännchen, Brasse, Meeräsche
500 g Katzenhai
500 g Sepie samt ihrer Tinte
500 g Kalmare
500 g Heuschreckenkrebs oder Languste
500 g Tomaten, geschält und feingehackt
1 Zwiebel
1 Bund Petersilie
1 kleine getrocknete Chilischote
1 Glas Rotwein
6 EL Olivenöl
6 Scheiben Toskanabrot
3 Knoblauchzehen

Die getrockneten weißen Bohnen werden cannellini, *die rot-weiß gefleckten* borlotti *genannt.*

Die Fische ausnehmen, säubern und schuppen. Die großen Fische in Stücke schneiden, die kleinen unzerteilt lassen. Den Mantel der Sepie aufschneiden und den Tintenbeutel vorsichtig entfernen. Sepie und Kalmare gründlich unter fließendem kaltem Wasser abspülen und auf Küchenpapier abtropfen lassen. Die Tentakel in Stücke sowie Körper und Mantel in Ringe schneiden. Den Heuschreckenkrebs ebenfalls gründlich abspülen und auf Küchenpapier abtropfen lassen.

Einst von den Spaniern aus Amerika eingeführt, wurde die Bohne in Norditalien schnell zu einem Nahrungsmittel der Armen. Noch heute heißen die Toskaner im Jargon Bohnenfresser.

Die festfleischigen Fische in einer Fisch- oder Gemüsebrühe 10 Minuten gar ziehen lassen; während der Garzeit, falls nötig, etwas Wasser zugießen.
Dann die restlichen Fische mit kürzerer Garzeit in den Topf geben, feingehackte Tomaten, Zwiebel, Petersilie und Chilischote sowie den Rotwein zufügen und aufkochen lassen.

Etwa 5 Minuten kochen lassen, den Heuschreckenkrebs zugeben und die Fische zugedeckt bei mittlerer Temperatur gut 10 Minuten garen.
Das Brot in einer Pfanne in Olivenöl rösten, anschließend mit Knoblauch einreiben und auf 6 Teller verteilen. Die Fische auf einer großen vorgewärmten Platte anrichten und mit der Sauce übergießen.

Fritto di fiori e zucchine

Für 4 Personen
60 ml Wasser
60 ml Bier (Zimmertemperatur)
70 g extrafeines Mehl
3 große Eiweiß
2 l Sonnenblumenöl
16 sehr frische Zucchiniblüten
500 g gewaschene und in 0,5 cm dicke Scheiben geschnittene Zucchini
feines Meersalz

Ab Juli verändert die Ernte das Bild der Landschaft.

Zunächst Wasser und Bier vermischen. Nach und nach mit dem Schneebesen das Mehl einarbeiten, bis ein glatter, ziemlich fester Teig entstanden ist. Eine Stunde ruhen lassen, damit das Mehl die Flüssigkeit absorbieren kann. Den Ofen auf 100 Grad vorheizen.
Das Öl in einen großen Topf geben (es muß sechs Zentimeter Höhe erreichen) und Fritieröl erhitzen. Die Eiweiße steifschlagen. Den Teig noch einmal kräftig durchrühren, anschließend mit einem Spatel den Eischnee unterheben. Die Blüten und Zucchinischeiben mit den Fingerspitzen greifen und in den Teig tauchen. Kurz abtropfen lassen. Portionsweise fritieren. Dabei wenden, bis sie rundum goldgelb sind. Die Fritierzeit beträgt etwa 2 Minuten.

Die ausgebackenen Stücke mit einem Schaumlöffel aus Draht herausnehmen, abtropfen lassen und auf Küchenpapier legen. Sofort salzen, dann zum Warmhalten in den spaltbreit geöffneten Ofen geben.

Castagnaccio

Für 6 Personen
1/2 Tasse Rosinen
3 Tassen Kastanienmehl
eine Prise Salz
2 1/2 Tassen Wasser
6 EL Olivenöl
1/2 Tasse Pinienkerne
2 EL grobgehackter Rosmarin

Die Rosinen in einer kleinen Schüssel in lauwarmem Wasser etwa 30 Minuten einweichen. Abgießen, abtropfen lassen und beiseite stellen.
Das Kastanienmehl in eine große Schüssel sieben, eine Prise Salz zugeben und nach und nach das Wasser sowie 5 Eßlöffel Olivenöl unterrühren, ohne daß sich Klümpchen bilden. Die Rosinen und die Hälfte der Pinienkerne unter den glatten, dünnflüssigen Teig rühren.
Eine Springform mit Öl auspinseln und etwa 2 Zentimeter hoch mit dem Teig füllen. Die restlichen Pinienkerne auf der Oberfläche verteilen, mit etwas Olivenöl beträufeln und mit dem gehackten Rosmarin bestreuen.
Die Form in den auf 200 Grad vorgeheizten Ofen schieben und den Kuchen etwa 40 Minuten backen. Wenn der Kastanienkuchen, wie es in alten Rezepten heißt, eine Kruste hat wie »durch Sonne verdorrte Erde, braun und rissig«, kann man ihn aus dem Ofen nehmen.
Den Kastanienkuchen auf eine Platte gleiten lassen und kalt oder warm mit einem Glas jungem, noch leicht moussierendem Wein oder mit einem Süßwein servieren.

Zuppa inglese

Für 6 Personen
1/2 l Milch
4 Eigelb
2 EL Zucker
2 TL Mehl
200 g Löffelbiskuits
1 Tasse verdünnten Vin Santo

Gelbe Melonen und reife Tomaten warten auf Käufer.

Die Milch in einem Topf erhitzen, jedoch nicht zum Kochen bringen. Die Eigelbe in eine Schüssel geben, den Zucker einrieseln lassen und 3 Minuten zu einer hellgelben dicken Creme aufschlagen. Anschließend unter ständigem Rühren das Mehl und die Milch einarbeiten. Die Creme in einen Topf geben und im Wasserbad bei mittlerer Temperatur dick aufschlagen. Sie darf nicht kochen, weil das Eigelb sonst gerinnt.
Die Creme aus dem Wasserbad nehmen, in eine Schüssel geben und einige Minuten unter Rühren etwas abkühlen lassen. Anschließend zugedeckt vollkommen erkalten lassen.
In der Zwischenzeit die Löffelbiskuits in Vin Santo tauchen und den Boden einer Glasform damit auslegen. Darüber eine Schicht Creme verteilen und diese wiederum mit Löffelbiskuits belegen. So fortfahren, bis die Zutaten aufgebraucht sind. Zum Schluß eine Schicht Creme auftragen, die Form mit Folie bedecken und bis zum Servieren in den Kühlschrank stellen.

Von Mai bis September werden auf den toskanischen Märkten Zucchiniblüten angeboten.

GROSSETO

S. 74/75: Von den bis zu 417 Meter hohen Erhebungen der Uccellina bis zur Mündung des Flusses Ombrone, der südlich an Grosseto vorbeifließt, erstreckt sich der Naturpark der Maremma. Fauna und Flora sind hier vor Eingriffen des Menschen geschützt.

Wenn man an die Toskana denkt, wird die Region Grosseto sehr oft einfach vergessen. Die meisten Reiseführer wissen nicht viel darüber zu berichten, sie nennen beiläufig ein paar Namen, verlieren kaum ein Wort über die Küste, und auch die Maremma, das flache Küstengebiet mit der angrenzenden Hügelzone – inzwischen ein Nationalpark – wird nur kurz erwähnt. Für das Landesinnere wird bestenfalls eine kurze Rundfahrt empfohlen. Und die südliche Toskana mit der berühmten Via Aurelia, die nach Rom führt, taucht oft gar nicht auf. Doch wer gerne Badeurlaub macht, hat längst die langen Sandstrände entdeckt, die sich, von der Straße aus nur selten zu sehen, die ganze Küste entlangziehen – von Livorno bis hinunter nach Orbetello mit seiner etruskischen »Zyklopenmauer«, das am Ende einer Landzunge in einer fischreichen Lagune liegt.

Grosseto wirkt im Vergleich zu den großen Schwestern im Norden recht bescheiden. Es war historisch weniger bedeutsam und besitzt weder ein Kunstmuseum noch genug grandiose Bauwerke, um sich mit Florenz, Siena oder Pisa messen zu können – ebensowenig mit Arezzo, das auf seine berühmten Fresken von Piero della Francesca stolz sein kann. Auch übt diese Gegend auf den ersten Blick nicht den stillen Zauber der Landschaft im Herzen der Toskana aus, die in den Gemälden der großen Meister verewigt ist. Und doch lohnt es sich, ihr ein wenig Aufmerksamkeit zu schenken. Wer will, kann in Grosseto viel Schönes und Reizvolles entdecken. Denn obwohl diese Stadt weniger reich ist als andere, weniger monumental, weniger museal und weniger berühmt, besticht sie durch ihren natürlichen Zauber. Entstanden ist Grosseto aus einem frühmittelalterlichen Kastell, dessen Wälle und Bollwerke um 1835 in Straßen und Gartenanlagen umgewandelt wurden. Wegen des sechseckigen Mauerrings, der

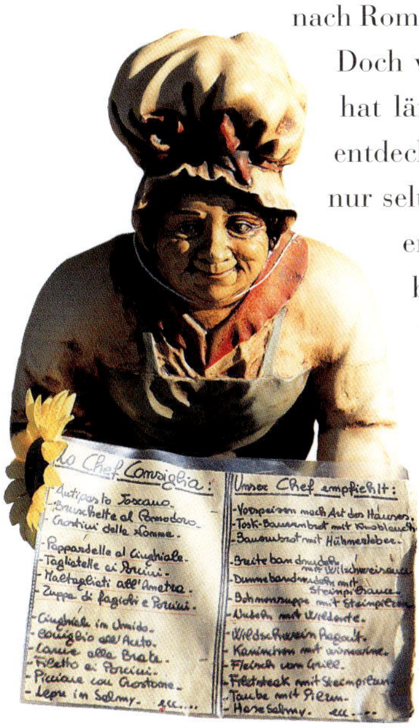

Tageskarte eines Restaurants in Bolgheri.

In der Tenuta del Terriccio wird das Olivenöl kühl und lichtgeschützt gelagert. Gian Annibale Rossi, Liebhaber französischer Weine, verwendet äußerste Sorgfalt auf die Herstellung seines Lupicaia, einem der großen Weine der Toskana.

Dank einer ausgeklügelten Bewässerungstechnik sind die Täler für die Landwirtschaft nutzbar geworden. Zypressen, Pinien und Sonnenblumen prägen das typische Landschaftsbild der Region.

Aus der Rinde von Korkeichen werden Flaschenkorken hergestellt.

Fuchs im Naturpark der Maremma.

den historischen Stadtkern umschließt, wird es auch das »kleine Lucca« genannt. Sechs Kilometer weiter nördlich lag einst die zum Zwölfstädtebund gehörige Etruskerstadt Roselle, deren 3270 Meter lange Stadtmauer uns erhalten geblieben ist. Zu besichtigen sind in dem riesigen Ausgrabungsgelände außerdem Reste eines römischen Amphitheaters, einer Markt-Basilika und etruskischer und römischer Gebäude. Ein archäologisches Museum enthält zahlreiche antike Gegenstände, die hier und an anderen Orten in der Maremma gefunden wurden.

Die Maremma, der urtümliche Teil der Toskana, war in vorgeschichtlicher Zeit ein Lagunensee, der sich von Cecina bis Civitavecchia erstreckte. Nachdem die Etrusker die Sümpfe dieser Region zum erstenmal trockengelegt hatten, ließ man in der Antike die Entwässerungsanlagen verkommen, so daß das Land aufs neue versumpfte. Daraufhin breitete sich die Malaria aus, vor der die Menschen über Jahrhunderte hinweg in höhere Regionen flüchteten. Erst seit Mitte unseres Jahrhunderts ist das Land von Malaria frei. Die Maremma ist die Toskana der Berge, der Kastanienbäume und der Wildschweine. In diesem Landstrich ißt man Fisch und Wildgerichte. Die Renaissance scheint nie bis hierher vorgedrungen zu sein – in Anbetracht ihrer Vorliebe für harmonische Landschaften, große Städte,

Sorano liegt mitten in der Maremma, einem zerklüfteten Landstrich im Herzen des alten Etruriens. Der mittelalterliche Marktflecken am Rand einer Schlucht wurde von der Familie Orsini zu einer Festung ausgebaut.

Castiglione della Pescaia, ein mittelalterlicher Marktflecken, liegt zwischen Piombino und Grosseto oberhalb der Küste. Heute ist der Ort auch ein Seebad mit schönen, von Pinien gesäumten Sandstränden.

Der Hafen von Piombino, Portovecchio genannt, liegt am Golf von Follonica. Von hier verkehren Fähren und Tragflügelboote nach Elba.

Macht und Luxus kein Wunder. Auch die Römer hielten es in diesem abgelegenen Küstenstreifen nicht lange aus, wenngleich sie, aus politischen Gründen, Präsenz zeigen mußten; aber heimisch wurden sie nie. Die Etrusker vor ihnen prägten diese Gegend weit mehr. Vielleicht waren sie weniger wählerisch oder fühlten sich aufgrund der problematischen geographischen Verhältnisse hier einfach sicher. Sie machten sich – wie später die Römer – die Thermalquellen dieser Gegend zunutze und bauten die Mineralienschätze der Colline Metallifere ab – Kupfer, Eisen, Silber, Alaun. Schon damals bewirtschafteten sie das trockengelegte Land, auf dem heute wieder Getreide, Obst und Gemüse angebaut werden.

Hat man, von Norden aus Pisa oder aus Siena kommend, die Toskana durchquert, ist man vermutlich der Via Aurelia bis Piombino gefolgt, wo die Fähren nach Elba auslaufen. Vielleicht ist man dann weiter an der Küste entlanggefahren, ohne viel vom Meer zu sehen, und hat dabei die wenig attraktiven Badeorte Follonica und Marina di Grosseto bewußt gemieden. Doch nun empfiehlt es sich, der Hauptstraße zu folgen, die wieder ins

Die Fischer haben über Jahrhunderte, so gut es ging, der Malaria getrotzt und werfen noch heute ihre Netze im Tyrrhenischen Meer aus.

Piombino ist heute ein wichtiges Industriezentrum. Fährt man von dort entlang der Küste in Richtung Süden, kommt man in eine völlig andere Toskana.

Die kleine mittelalterliche Stadt Massa Marittima liegt südlich von Siena. Läßt man sich auf der Terrasse eines Cafés an der Piazza Garibaldi zu einem Espresso nieder, bietet sich dem Auge ein Durcheinander von Baustilen aller Epochen. Im Sommer sollte man sich unbedingt Karten für eine der Opernaufführungen unter freiem Himmel sichern.

Landesinnere führt und von der aus man über kleinere Querstraßen weiter in die Landschaft vordringen kann, etwa wenn man von Siena aus die Strecke durch die Berge nimmt. Man fährt durch hügeliges, dickichtbewachsenes Gelände und durch kleine, vom Tourismus weitgehend unbeeinträchtigte Orte auf Hügelkuppen, die einen herrlichen Ausblick bieten: Scarlino, Vetulonia, Montepescali, Batignano, denen man ihre einstige Bedeutung nicht mehr ansieht (Vetulonia, das dank seiner Gold-, Silber- und Erzvorkommen zu Reichtum gelangte, war eines der zwölf berühmten Etruskerzentren).

Landhaus in der Umgebung von Montescudaio.

Hier ist der »Balkon der Maremma«. Weithin erstreckt sich die Ebene, die den Sümpfen mit Hilfe von Entwässerungskanälen abgerungen wurde und auf der heute Kühe mit lyraförmig geschwungenen Hörnern weiden, gehütet von den Butteri, den reitenden Viehhütern, die vor langer Zeit aus Venetien kamen und bis heute einen alten Dialekt sprechen und ihre stolze Tradition bewahrt haben.

Das als Naturpark ausgewiesene Gebiet umfaßt zehntausend Hektar, die sich von der Mündung des Ombrone südlich von Grosseto bis hin zu den Monti dell'Uccellina an der Küste entlangziehen. Auf diesen Bergen, die sich rund vierhundert Meter hoch über herrliche Strände erheben, stehen noch alte Wachttürme und die Ruinen der Zisterzienserabtei San Rabano. Es gibt ein Vogelschutzgebiet, und etliche Wildtierarten, zum Beispiel Wildschweine und Rehe, fanden dort einen neuen Lebensraum.

Eine Auswahl toskanischer Wurstwaren: Fioco, Porchetta und der berühmte, sehr empfehlenswerte Toscano.

Im Grunde profitieren sogar fünfundzwanzigtausend Hektar von einer ökologischen Politik, für die die jeweiligen Kommunen die Verantwortung tragen und die vom Europarat unterstützt wird.

Der kleine Marktflecken Roccatederighi liegt in den Bergen im Norden von Grosseto.

Ein typisches Messer aus Scarperia, wie es seit Anfang des 19. Jahrhunderts fast überall in Italien verbreitet ist.

Alte Gewohnheiten mußten verändert werden, Zukunftsforschung wurde betrieben und das Interesse der Allgemeinheit über die Interessen einzelner gestellt. Das Ergebnis kann sich sehen lassen: Dieser Landstrich hat sich dank seiner intakten Natur einen Namen gemacht und besitzt in der ökologischen Landwirtschaft einen exzellenten Ruf. Mit seinen vielen Wegen und Pfaden ist er ein Paradies für Wanderer. Wen die heiße Sommersonne schreckt, der kann an einen der schönen Strände gehen, etwa in Marina di Alberese, kann mit den Butteri Ausritte machen oder mit dem Boot bei dem alten Fischerdorf Talamone anlegen, das ein eigenes etruskisches Museum besitzt.

Ein Stück weiter südlich liegt die kleine Stadt Orbetello, mitten in einer Lagune, auf einem schmalen Landstreifen, der zu der früheren Insel Monte Argentario führt, bekannt für ihre prachtvollen Villen, in denen die Reichen Italiens ihren Urlaub verbringen. Die Straße, die sich um den Berg windet, ist äußerst schmal und kurvenreich. Sie führt über Port' Ercole (wo Caravaggio der Malaria erlag) nach Porto Santo Stefano; von dort aus kommt man mit dem Boot auf zwei vorgelagerte Inseln: die halbmondförmige Isola di Giannutri und die Isola del Giglio, von deren fast 500 Meter hohen Bergen aus man bei gutem

Schon Etrusker und Römer schätzten die Thermalquellen von Saturnia mit ihrem schwefelhaltigen Wasser. Man badet in großen Naturbecken, in die das Wasser in Kaskaden hineinstürzt.

Cocomero *ist der italienische Name für Wassermelone.*

Die Maremma wird gern als die italienische Camargue bezeichnet. Die butteri, *die Cowboys der Maremma, bewachen die Herde. Sie sind nur mit einem* uncio, *einer langen Stange aus Haselnußholz mit einer Spitze aus Wildleder, ausgerüstet. Große Kuhherden mit langen büffelähnlichen Hörnern ziehen auf der Suche nach Weideplätzen durch das ebene Land, das inzwischen zum Naturpark erklärt wurde.*

Die butteri *verkörpern den Geist der Maremma. Die aus Venetien zugewanderten Hirten sprechen noch immer ihren venezianischen Dialekt.*

Wetter bis nach Korsika sieht. Neben zwei hübschen, kleinen Häfen und einem zauberhaften Dorf in luftiger Höhe hat dieses Inselchen alles, was ein reizvolles Ausflugsziel ausmacht: Strände, Hotels und Restaurants, Mufflons (braune Wildschafe), Olivenhaine und einen eigenen Wein, den Ansonico.

Der Dichter Carducci (1835 – 1907) hat dem kleinen mittelalterlichen Ort Bolgheri mit seiner berühmten, fünf Kilometer langen und von Zypressen gesäumten Allee ein Gedicht gewidmet. Heute verdankt der Marktflecken dem Sassicaia, einem der besten und teuersten Weine Italiens, seinen Weltruf.

Auf der Rückfahrt lädt Orbetello – eine lange, von ein paar Häusern flankierte Hauptstraße und jenseits der Stadtmauern auf beiden Seiten das stille Wasser der Lagune – zum Verweilen ein. Hier in dem großen, belebten Marktflecken kann man wunderbar Meeresfrüchte essen und beim Blick auf die Lagune die Gedanken in die Ferne schweifen lassen. Ähnlich angenehm träumt es sich auch fünfzehn Kilometer weiter südlich, am Ufer des Lago di Burano, bei dem es sich in Wirklichkeit auch um eine Lagune handelt.

Pereta, ein kleines Dorf im Zentrum der Maremma, hat den Grundriß einer Birne. Dies ist der Grund, warum die Frucht im Ortswappen auftaucht.

Doch nun ist es Zeit aufzubrechen. Eine andere Maremma erwartet uns. Eine im Landesinnern, im Süden der Toskana oberhalb Latiums. Eine Maremma ohne übelriechende Ausdünstungen, die sich in die Berge hinaufzieht, durch heitere und strenge Täler, durch schmale Schluchten, die sich auf steile Höhen emporschwingt zu den alten, trutzigen Dörfern: Magliano, Sorano, Pitigliano, Sovana ... Eine Maremma der Olivenhaine und Eichenwälder, der etruskischen Nekropolen und der Thermalquellen. Eine karge, ärmliche Maremma, deren Bodenerträge heutzutage besonders geschätzt werden, da hier die Natur ihre Arbeit noch selbst tut. Eine Maremma der Bauern und Jäger, die hervorragendes Wildschwein und ausgezeichnete Wurstwaren zubereiten, die Castagnaccio backen, einen Kastanienkuchen mit Olivenöl, Tagliatelle »à la Schildkröte« essen oder ein Stückchen Pecorino auf geröstetem Brot mit Fleischbouillon übergießen und mit einem pochierten Ei belegen. Und zu diesem Gericht, das Acquacotta heißt, wird ein Weißwein aus der Gegend von Pitigliano gereicht, der Morellino di Scansano.

In diesen Bergdörfern erscheinen einem die Städte mit ihren großartigen Kirchen und Palazzi auf einmal unendlich fern und unwirklich. Hier hat man das Gefühl, hinter die Kulissen einer prunkvollen Geschichte geschlüpft zu sein; und abends hört man das Herz des alten Etruriens schlagen, der Mutter der Toskana.

Rot- und Weißwein aus der Region von Pitigliano.

Sovana, im Herzen der Maremma, war Hauptsitz der Familie Aldobrandeschi, aus der Papst Gregor VII. hervorging. Der romanische Dom beherbergt schöne Fresken; der elegante Palazzo Bourbon del Monte ist ein eindrucksvolles Baudenkmal der Renaissance. Nach einer Blütezeit im Mittelalter zogen die Bürger von Sovana in den folgenden Jahrhunderten nach und nach fort. Seit dem 18. Jahrhundert leben hier nur noch wenige Menschen.

Die Zubereitung von Wildschwein nimmt in der toskanischen Küche nicht viel Zeit in Anspruch: Das in Stücke geschnittene Fleisch wird nur zwei Stunden mariniert und dann in der Regel in Wein geschmort. Das Ergebnis ist ein wohlschmeckendes, rustikales Gericht.

In den Gassen von Sorano hängen Knoblauchknollen zum Trocknen.

Acquacotta

Für 6 Personen
3 EL Olivenöl
3 Stangen Sellerie, feingewürfelt
1 große feingehackte Zwiebel
1 kleine feingehackte Chilischote
800 g Spinat
300 g Tomaten, geschält, entkernt und feingehackt
1 1/2 l Wasser
Salz und Pfeffer
8 Eier
2 EL Parmigiano
6 dünne Scheiben geröstetes Toskanabrot

In einem großen Topf im heißen Olivenöl Sellerie, Zwiebel und Chilischote sanft anbraten. Den gründlich gewaschenen Spinat zugeben und zusammenfallen lassen. Die Tomaten unterrühren und bei mittlerer Temperatur 30 Minuten köcheln lassen.
Das Wasser zugeben, zum Kochen bringen, anschließend 1 Stunde köcheln lassen. Mit Salz und Pfeffer würzen.
2 Eier und den geriebenen Parmesan in einer Schüssel verrühren und 10 Minuten vor Ende der Kochzeit in die Suppe rühren. Nochmals aufkochen lassen, dann die restlichen 6 Eier in der Suppe pochieren.
Jeweils eine geröstete Brotscheibe in einen tiefen Teller geben, mit der Suppe auffüllen und jeweils ein pochiertes Ei daraufsetzen.

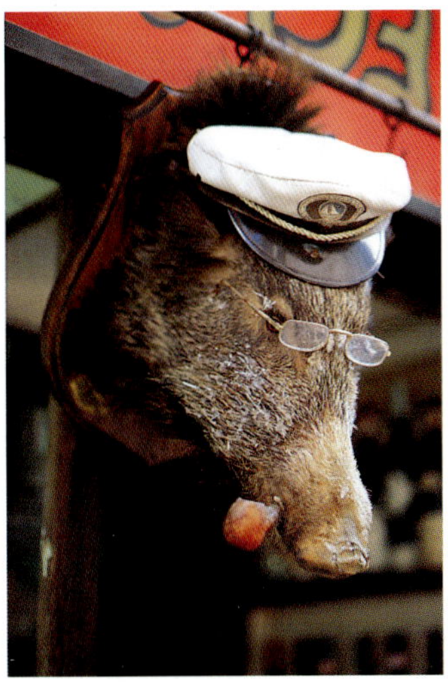

In der wildreichen Toskana hat die Jagd eine lange Tradition. Hirsche sind so zahlreich, daß sie die Swimmingpools der Landhäuser als Tränke nutzen. Hier setzt ein Ladenbesitzer ein freundliches Wildschwein als Werbeträger ein.

Cinghiale alla Maremmana

Für 6 Personen
1 1/2 l Rotwein
1 halbierte Zwiebel
1 kleingeschnittene Karotte
1 Stange Sellerie, kleingeschnitten
2 Lorbeerblätter
2 Gewürznelken
geriebene Muskatnuß
1 kg Wildschweinkeule
6 EL Olivenöl
Salz und Pfeffer

In einer Beize aus 1 Liter Rotwein, den Gemüseteilen, Lorbeerblättern, Nelken und Muskat das Fleisch über Nacht im Kühlschrank marinieren.
Am nächsten Tag in einem schweren Schmortopf das Olivenöl erhitzen. Das Fleisch aus der Marinade heben, abtropfen lassen und in den Schmortopf setzen. Mit dem restlichen Rotwein begießen und die gehackten Tomaten darauf geben. Bei milder Hitze etwa 90 Minuten schmoren. Erst im letzten Moment das Fleisch salzen und pfeffern. Die Keule vom Knochen lösen und fein aufschneiden. Die Schmorsauce durch ein Sieb passieren und über das angerichtete Fleisch gießen.
Dazu schmecken am besten herausgebackene Polentascheiben.

Anatra arrosta con melograno

Für 6 Personen
1 Wildente, ausgenommen und pariert (ersatzweise anderes Wildgeflügel)
2 – 3 EL Olivenöl
1 feingehackte Zwiebel
50 g feingehackter Schinken
1 TL Honig
4 Gewürznelken
2 Granatäpfel
Salz und Pfeffer
60 ml trockener Sherry

Die Ente in einen Schmortopf geben und mit kaltem Wasser bedecken.
Zum Kochen bringen, die Hitze reduzieren, bei mittlerer Temperatur 5 Minuten köcheln und im Wasser abkühlen lassen.
Fur die Füllung das Öl erhitzen, die Zwiebel darin goldbraun anbraten. Schinken, Honig, Gewürznelken und die Kerne eines Granatapfels zugeben, würzen und 2 Minuten schmoren.
Die Ente aus dem Wasser nehmen, abtropfen lassen und mit Küchenpapier trockentupfen. Mit der Farce füllen und die Öffnung mit Küchengarn zunähen.
Den Backofen auf 200 Grad vorheizen. Die Wildente in einen Bräter setzen und in den Ofen schieben. Den Sherry zugießen und das Geflügel etwa 60 Minuten braten.
Die Ente aus dem Ofen nehmen, auf einer vorgewärmten Platte anrichten, mit dem Bratensaft beträufeln und mit den Kernen des zweiten Granatapfels bestreuen.

Grundprinzip der toskanischen Küche ist die Verwendung frischer Produkte. Der Speisezettel richtet sich nach dem saisonalen Marktangebot.

Tagliatelle alla lepre

Für 6 Personen
600 g Hase (oder Kaninchen)
4 EL Olivenöl
80 g ungeräucherter magerer Speck (pancetta)
2 feingehackte Knoblauchzehen
2 kleine Zwiebeln, feingehackt
2 Stangen Sellerie, feingehackt
1 Karotte, feingehackt
3 Tomaten, geschält und feingehackt
1/2 Tasse feingehackte glatte Petersilie
5 frische Salbeiblätter
2 EL feingehackter Rosmarin
1 Gewürznelke
1 Prise geriebene Muskatnuß
1 l Chianti
1/2 Tasse Rinderbrühe
Salz und Pfeffer
500 g Tagliatelle

Frische Fische in Porto Santo Stefano.

Den Hasen in einer Beize aus Rotwein mit Lorbeerblättern und Muskat über Nacht marinieren. Am nächsten Morgen in Stücke schneiden. In einem Schmortopf die Fleischstücke in heißem Öl anbraten. Aus dem Topf nehmen und die Hitze reduzieren. Speck, Knoblauch und Zwiebeln hineingeben und 4 Minuten braten. Die Gemüse, Kräuter und Gewürze sowie Salz und Pfeffer zugeben und 5 Minuten schmoren.
Die Fleischstücke wieder in den Topf geben, mit der Hälfte des Weins und 1/2 Tasse Rinderbrühe aufgießen und aufkochen lassen, dann das Ragout zugedeckt etwa 1 1/2 Stunden leise schmoren.
Die Fleischstücke aus dem Topf nehmen, entbeinen, das Fleisch in größere Stücke zerteilen und wieder in die Sauce geben. Falls nötig, noch etwas Rotwein unterrühren und das Ragout abschmecken.
Die Tagliatelle in einem großen Topf Salzwasser etwa 3 bis 5 Minuten al dente kochen, abgießen, abtropfen lassen und auf einer vorgewärmten tiefen Platte anrichten. Das Ragout darüber verteilen und sofort servieren.

Baccalà in umido

Für 6 Personen
900 g Stockfisch
900 g Spinat
6 EL Olivenöl
4 feingehackte Zwiebeln
3 feingehackte Knoblauchzehen
750 g Tomaten, geschält und feingehackt
Salz und Pfeffer

Den Stockfisch gut wässern, säubern, die Gräten entfernen und in Stücke zerteilen.
Den Spinat gründlich waschen und in kochendem Salzwasser blanchieren. Abtropfen lassen und grob hacken.
Das Olivenöl in einem tiefen, schweren Topf erhitzen und Zwiebeln und Knoblauch darin anbraten. Anschließend den Stockfisch zugeben und etwa 5 Minuten köcheln. Den Fisch herausnehmen und beiseite stellen. Die Tomaten in den Topf geben, gut umrühren und mit Salz und Pfeffer würzen. Etwa 30 Minuten bei schwacher Hitze köcheln lassen.
Spinat und Stockfisch unterheben und 10 Minuten in der Sauce ziehen lassen. Nicht umrühren, damit der Fisch nicht zerfällt. Den Topf statt dessen gelegentlich rütteln.
Den Stockfisch mit geröstetem Bauernbrot oder Reis servieren.

Coniglio al pomodoro

Für 6 Personen
1 Kaninchen (etwa 1,6 kg), in Stücke zerteilt
Mehl
Olivenöl
2 mittelgroße Zwiebeln
6 Knoblauchzehen
10 Tomaten, geschält und feingehackt
Gelbwurz
2 Zweige Rosmarin
Fenchelsamen
1 1/2 Gläser Rotwein
Salz und Pfeffer
1 Stück Würfelzucker

Die Kaninchenstücke in Mehl wenden, rasch in heißem Olivenöl anbraten und beiseite stellen. Für die Sauce in einer Pfanne Olivenöl erhitzen, darin die feingehackten Zwiebeln und Knoblauchzehen anbraten. Tomaten unterrühren und mit Gelbwurz, Rosmarin und gerösteten Fenchelsamen sowie Salz und Pfeffer würzen. Eventuell 1 Stück Würfelzucker zugeben, um die Säure der Tomaten zu mildern. 1 Glas Rotwein dazugießen und Sauce etwas eindicken.
Die Kaninchenstücke in einem Bräter auslegen, mit der Sauce überziehen und ohne Deckel etwa 40 Minuten in dem auf 175 Grad vorgeheizten Ofen garen. Zur Hälfte der Garzeit mit dem restlichen Rotwein beträufeln.

Artischocken lassen sich ausbacken oder für den Winter in Öl konservieren. Schon Katharina von Medici schwärmte von ihren zarten Herzen.

Gelato al miele di castagno

Für 6 Personen
6 EL Kastanienhonig
2 EL Honig mit Gewürznelkenaroma
1/2 Tasse gemahlene Mandeln
1 1/2 Tassen Zucker
2 Tassen Crème fraîche
6 Eigelb

Die beiden Honigsorten in einem kleinen Topf erhitzen.
In einem anderen Topf Zucker und Mandeln gut mischen und mit der Hälfte der Crème fraîche erhitzen. Rühren, bis sich der Zucker aufgelöst hat.
Die Eigelbe in einer Schüssel aufschlagen, langsam die heiße Mandel-Zucker-Mischung zugießen. Das Ganze wieder in den Topf geben und die Creme unter ständigem Rühren bei schwacher Hitze so eindicken lassen, daß sie einen Löffel überzieht. Creme durchpassieren, Honig sowie restliche Sahne unterrühren und abkühlen lassen. In einer Eismaschine gefrieren.

Die schöne Julia von der Villa Petraia in Radda bereitet ein Kaninchen mit Tomaten zu (Rezept Seite 90). Sie zerlegt das Tier auf folgende Weise: Zuerst trennt sie den Rücken zwischen den Hinterläufen samt dem hinteren Teil des Tieres und den Brustkorb samt den Vorderläufen heraus. Hinter- und Vorderteil werden entlang dem Rückgrat in zwei Teile, der Rücken quer zum Rückgrat in drei gleiche Teile geteilt.

SIENA

S. 92/93: Pasta in der toskanischen Küche: Cannelloni, Ravioli, Gnocchi, Tortelloni, Crespelle mit Ricotta-Füllung …

Linke Seite: Auf der Piazza del Campo wird alljährlich am 2. Juli das Palio-Fest begangen. Fahnenträger in historischen Kostümen präsentieren Farben und Wappen ihres Stadtviertels.

Siena ist eine Stadt, die einen auf den ersten Blick für sich einnimmt. Sie besitzt einen ganz eigenen Charme, im ursprünglichen Sinn des Wortes. Mit anderen Worten: Siena ist nicht eigentlich eine Stadt, sondern ein räumliches Gebilde, das sich nicht eindeutig definieren läßt. Ein Wunderwerk aus Backstein, Ziegel und dunklem Stein, doch das erklärt noch nicht seine Einmaligkeit. Mit herkömmlichen Maßstäben jedenfalls läßt sich diese Stadt nicht messen, mit anderen nicht vergleichen. Sie ist – Siena eben. Ein unwirklicher Raum, in dem man sich zurückversetzt fühlt in eine von Erschütterungen heimgesuchte Zeit. Dennoch leben hier Menschen wie überall. Der Alltag der Sieneser sieht nicht anders aus als der der Florentiner. Sie gehen zur Arbeit, die Kaufleute bieten ihre Waren feil, die Fabrikanten stellen Ware her, die Studenten studieren. Um die alte Stadt herum ist eine moderne Großstadt entstanden, die sich nicht wesentlich von anderen unterscheidet. Doch wer von draußen in den alten Stadtkern kommt, hat das Gefühl, in eine andere Welt versetzt worden zu sein.

Blick auf die Stadt und ihre alte Stadtmauer.

Siena, das ist das Gegenteil von Florenz. Eine aus einem Geschichtsbuch herausgerissene Seite, doch ohne die Ambivalenz von Florenz, das nicht verhehlen kann, daß es auch in der Gegenwart lebt, das sich als Weltstadt geriert; das immerhin Autoverkehr hat. Siena besitzt wesentlich weniger Kunstschätze als seine schwerreiche Rivalin, die den Löwenanteil an den Reichtümern der Toskana eingestrichen hat. Siena ist unvergleichlich und kann dennoch dem Vergleich mit Florenz nicht entgehen, weil sich beide gegenüberstehen wie die Pole einer Welt. (Und wie steht es mit Pisa? Pisa ist wohl eher die lachende Dritte, die sich ein wenig abseits hält.)

Im Labyrinth der Altstadt laden kleine, bezaubernde Plätze zum Verweilen ein.

Man möchte sich nicht entscheiden müssen zwischen Siena und Florenz, möchte sie beide lieben, zögert kurz, muß

Panforte in einer Schaufensterauslage. Diese Sieneser Spezialität, die unter anderem aus Mandeln und kandierten Früchten hergestellt wird, erfreut sich besonders zu Weihnachten und Neujahr großer Beliebtheit. (Rezept Seite 108)

dann wohl oder übel die Tatsachen akzeptieren: Diese beiden Städte sind wie Feuer und Wasser. In derselben Landschaft, deren Geist jede auf ihre Weise verkörpert, repräsentieren sie nach wie vor zwei miteinander rivalisierende Welten. Oder zwei konträre Versionen ein und derselben Welt – gewissermaßen der Beweis für die Ambivalenz der Toskana.

Siena ist – im Gegensatz zu Florenz – nicht wirklich lebendig, aber es ist auch keine tote Stadt. Ihren Herzschlag hört man noch, aber nur wie ein fernes Echo. Stimmen aus grauer Vergangenheit raunen uns Geschichten aus den mittelalterlichen Kulissen zu, ein eigenartiges Szenario, das unweigerlich an Venedig erinnert; nur entdeckt man hier nichts von der Extravaganz der Stadt der tausend Kanäle. Doch während man in Venedig Gefahr läuft, sich im Anblick der geheimnisvollen Lagune zu verlieren, ist Siena weniger bedrohlich: Solide gruppieren sich die eindrucksvollen Bauten um die Piazza del Campo, stolze, hohe Fassaden, die eine riesengroße Muschel umschließen, aus der es keinen Ausschlupf zu geben scheint; und dahinter ein Labyrinth aus Treppen und Gäßchen, in dem es einem nicht schwerfällt, sich vorzustellen, daß hier noch die Passionsspiele des Mittelalters aufgeführt werden.

Siena sei ein Phantom, behauptet Henry James, der bei Mondschein in der Stadt eintrifft, in einem Gasthof absteigt, wo er von zwei wohlwollenden, alten Damen empfangen wird, und dann buchstäblich mit offenem Munde stehenbleibt, als er auf die große Piazza kommt. Schlagartig fühlt er sich ins Mittelalter zurückversetzt; der Turm des Palazzo Pubblico erscheint ihm »dünn und gerade, wie eine bewimpelte Lanze vom Eisenschuh eines Ritters auf seinem Roß«.

Rechte Seite: Schon am Vorabend der Corsa del Palio, dem berühmtesten Fest der Toskana, wird in den Straßen von Siena gefeiert. Die Bewohner der zehn contrade, *der Pfarrbezirke Sienas, die am Pferderennen teilnehmen, versammeln sich in ihrem Stadtviertel, um an langen Tischen unter freiem Himmel gemeinsam zu tafeln.*

Das Wahrzeichen von La Torre, einem der historischen Viertel von Siena.

Panforte und Ricciarelli: kleines, rautenförmiges Gebäck aus Mandeln, kandierten Orangen, Honig und Zucker, das mit Vanille aromatisiert wird.

Der Chianti Classico, ein wichtiges Produkt aus dem Sieneser Gebiet, wird aus Sangiovese-, blauen Canaiolo- und weißen Malvasia-Reben gekeltert. Er lagert länger in Fässern als andere Chianti-Weine.

Reiter auf ungesattelten Pferden warten auf den Start des Palio-Rennens. Sie sind keine Einwohner der Contrada, für die sie ins Rennen gehen, sondern gekaufte »Söldner«. Bestechungen kommen häufig vor und werden nicht als unehrenhaft empfunden. Das Pferderennen findet auf der mit Sand aufgeschütteten Piazza del Campo statt. Nach drei waghalsigen Runden in kaum mehr als zwei Minuten steht der Sieger fest.

Der Schriftsteller ist fasziniert, zugleich aber ein wenig hilflos angesichts der »Baufälligkeit«, die ihm ansteckend erscheint: »Alles zerfällt, zerbröckelt, verbleicht, verwest. Kein junger Sieneser kann den Blick auf etwas Jugendliches richten; seine Augen öffnen sich auf eine unter der Last der Jahre dahinsinkende Welt.« Am Abend lauscht er vom Fenster seines Quartiers aus den Stimmen der vorübereilenden Passanten, den improvisierten Konzerten; im Café Greco ißt er ein Eis und liest die Lokalzeitung, *La Vita Nuova*, die er bei einem buckligen Händler gekauft hat, aber um nichts auf der Welt möchte er länger hierbleiben. Ihn zieht es wieder in sein geliebtes Florenz. Er braucht eine modernere Stadt, mehr europäische Eleganz.

Trotz der mittelalterlichen Kostüme ist der Palio delle Contrade keine Folklore-Veranstaltung, sondern ein Ereignis, mit dessen Vorbereitung die Sienesen das ganze Jahr über leidenschaftlich beschäftigt sind.

Bei der Ankunft in Siena kommt man sich fast vor wie in einer Theaterkulisse, die erst durch das Spiel der Darsteller zum Leben erwacht. Doch nimmt man sich Zeit, durch die Gassen zu schlendern, ein paar Türen zu öffnen, ein paar Sieneser kennenzulernen, begreift man schnell, daß man gleich zu Beginn intuitiv weit mehr wahrgenommen hat als nur die Schönheit der mittelalterlichen Architektur: Man hat sofort auch gespürt, daß das archaische Siena hinter der Fassade touristischer Attraktionen weiterbesteht.

Man müßte das Glück haben, zum Palio nach Siena zu kommen, einen Platz an einem Fenster zu ergattern, das auf die Piazza del Campo hinausgeht, und dieses Spektakel mit einem Eingeweihten zu erleben, der einem die Regeln dieses wahnwitzigen Pferderennens erklärt. Doch das ist gar nicht so einfach. Man braucht Beziehungen, muß schon lange vorher versuchen, an Karten zu kommen oder sich mit einem Trick Zutritt zum Palazzo Pubblico zu verschaffen, von dem aus die Honoratioren der Stadt das Rennen verfolgen.

Mittels einer über eine Rolle laufenden Leine läßt sich die Wäsche zwischen zwei benachbarten Häusern zum Trocknen aufhängen. Das sieht nicht nur malerisch aus, sondern ist überaus praktisch und wird fast überall in Italien praktiziert.

Die Piazza del Campo ist mit eleganten Ziegelbauten gesäumt, deren Fassaden mit Marmorelementen verziert sind – ein für Siena typischer Baustil.

Das italienische Autorengespann Fruttero & Lucentini hat den Palio zum Angelpunkt einer mysteriösen Geschichte gemacht, in der sich Traum und Wirklichkeit, Gegenwart und Vergangenheit mischen. Der Anwalt Maggioni und seine Frau Valeria werden unversehens in eine phantastische Intrige verwickelt, bei der ein zwergenhafter Phantom-Jockey dreimal um die Piazza del Campo reitet, seine Gegner besiegt und mehrere vor ein paar Jahrhunderten gedemütigte *contrade* (die verschiedenen Stadtviertel, die beim Palio gegeneinander antreten) rächt. Voller Leidenschaft beobachten sie dieses urtümliche Pferderennen, das seit 1147 zu Ehren der Schutzherrin Sienas, der Jungfrau Maria, stattfindet. Volkstümlich und erotisch, melancholisch und emotionsgeladen, ist es zum Symbol für eine Stadt geworden, die nicht nur aus pittoresken Fassaden besteht.

Siena ist »eine Stadt, deren Dächer von einem verrückt gewordenen Euklid errichtet zu sein scheinen. Doch dieses phantastische Repertoire an Graten, Dachneigungen, Überlagerungen und Dachschrägen war auf perfekte Weise homogen, gab den Blick weder auf Plätze, Straßen noch Gäßchen frei«, wie es in einer Stadtbeschreibung heißt. Hier ist das vielbesungene Mittelalter nach wie vor lebendig. Im Herzen der freundlichen Toskana lodert eine verborgene Flamme, die der

Jeder Contrada, jedem Pfarrbezirk, oblag im Mittelalter eine eigene kommunale Verwaltung der öffentlichen Straßen und Wege, des Gesundheitswesens und der Steuern. Im Laufe der Zeit ging jedoch diese Eigenverantwortung in der allgemeinen Stadtverwaltung auf. Ein Sinnbild der alten Selbstverwaltung und des Konkurrenzkampfes zwischen den Bezirken ist der Palio, bei dem die Contrade stolz ihre Wappen präsentieren. Der Panther ist das Wahrzeichen eines der westlichen Stadtviertel.

Der Dom Santa Maria Assunta ist eines der Meisterwerke der italienischen Gotik. An ihm wurde mehr als zwei Jahrhunderte gebaut. Der wertvolle Marmorfußboden wurde von über vierzig Künstlern geschaffen und zeigt Sibyllen und Propheten, alttestamentarische Szenen und allegorische Darstellungen.

Die Piazza del Campo, von der Torre del Mangia überragt, ist das historische Zentrum und das Herz der Stadt, Festplatz und Mittelpunkt des städtischen Lebens. Am späten Nachmittag, wenn die untergehende Sonne ihn mit einem goldenen Schleier überzieht, ist der Platz am schönsten. Die neun weißen Steinbanden, die das Pflaster des Platzes unterteilen, symbolisieren den Rat der Neun, der bis 1335 die Macht in Siena ausübte und sich durch sein Eintreten für Gerechtigkeit und für das Wohl der Bürger auszeichnete.

Humanismus der Renaissance nicht auszulöschen vermochte.

Beim Palio treten jeweils zehn der siebzehn Contrade (die Wölfin, die Welle, der Turm, die Giraffe, das Einhorn, die Schildkröte…) gegeneinander an, jede vertreten durch ein Pferd, das zuvor ausgelost, in der Kirche gesegnet und ohne Sattel geritten wird.

Dieses Spektakel, das zweimal im Jahr (am 2. Juli und am 16. August) stattfindet, dauert kaum länger als zwei Minuten. Voraus geht ihm ein festlicher Umzug in historischen Kostümen, bei dem sich die Reiter nicht unbedingt wie perfekte Gentlemen benehmen und manchmal sogar das Viertel verraten, für das sie an den Start gehen.

Im Palazzo Pubblico, dem stummen Zeugen zahlloser solcher Festtage, an denen sich die Pferde über drei Runden hinweg ein spektakuläres Rennen liefern und dabei die Erde aufwühlen, die auf dem Pflaster aufgeschüttet wird, trägt ein anderer Reiter auf einem Fresko stolz die Farben von Florenz: Guidoriccio da Fogliano, Anführer der Sienesen, reitet aufrecht auf seinem geharnischten Pferd zur Belagerung des Kastells Montemassi. Mit der Glorifizierung dieses Mannes, der als Garant für die Macht Sienas galt, schuf Simone Martini in einer Zeit, die sich ausschließlich religiösen Darstellungen

Guidoriccio da Fogliani begibt sich zur Belagerung von Montemassi, Simone Martini (1328), Palazzo Pubblico, Siena.

widmete, als einer der ersten italienischen Maler ein Werk mit weltlicher Thematik.

Gegenüber, am Eingang zur Sala di Mappamondo, befindet sich eine wunderbare *Maestà* desselben Künstlers, die auf ihrem Schoß das Jesuskind hält und von 40 Heiligen, Aposteln und Engeln umrahmt wird. Beide Gemälde zählen zu den Meisterwerken der berühmten Sieneser Schule, die von Duccio di Buoninsegna begründet wurde und der auch die Brüder Ambrogio und Piero Lorenzetti angehörten. Duccio verstand es, die Erfahrungen mit der byzantinischen, gotischen und florentinischen Kunst in seinem Werk voll zu entfalten und auf originelle Weise miteinander zu verschmelzen. Seine Gestalten zeichnen sich durch außerordentliche Anmut, harmonische Linienführung und heitere Gesichter aus.

Dieser Reitknecht aus dem Stadtviertel La Torre führt sein Pferd auf die Piazza del Campo, wo das Palio-Rennen stattfindet. Jeder Reiter ist mit einem Ochsenziemer (nerbo) *bewaffnet, mit dem er nicht nur das eigene Pferd, sondern auch das des Konkurrenten und manchmal auch den Konkurrenten selbst züchtigt, denn beim Palio sind alle Tricks erlaubt.*

Im Jahr 1260 legte Siena im Augenblick höchster Not sein Schicksal – in Gestalt der Stadtschlüssel – in die Hände der Muttergottes. Nachdem es daraufhin in der Schlacht von Montaperti den größten Sieg seiner Geschichte über Florenz errang, wurde die Jungfrau voller Zärtlichkeit verehrt, die ihren Niederschlag in unzähligen Marienbildern fand. Sie sind zum Teil im Museo dell'Opera del Duomo und in der Pinacoteca Nazionale zu bewundern und bilden in ihrer Sanftheit ein bezauberndes Gegengewicht zu der Gewalt, die im Palio zum Ausdruck kommt.

Siena war von jeher mehr auf Frieden bedacht als auf Eroberungen. Die Kaufleute und Bankiers der Stadt wollten einfach nur in Ruhe leben, und hätte Florenz die Stadt nicht bedroht, wären die Sieneser nicht bewaffnet ans Ufer des Arno gezogen. Im 13. Jahrhundert war Siena eine autonome Republik, die vom Bürgertum regiert wurde und die Gleichheit aller Bürger proklamierte.

Etikett des Weins »Il Cigolino«.

Das zeigen auch die Fresken von Ambrogio Lorenzetti in der *Sala della Pace* im Museo Civico, darunter die allegorische Darstellung der *Guten Regierung* und die *Auswirkungen der Guten Regierung auf Stadt und Land*. Alles hängt von Gerechtigkeit und guter Führung ab: Handwerk und Landwirtschaft florieren, junge Männer und Frauen tanzen in einer Stadt, die ein Muster an Ordnung und Harmonie ist.

Und tatsächlich wachten die Stadtväter streng darüber, daß nicht willkürlich gebaut wurde;

Zum Nachtisch ißt man in Siena gerne Cantuccini, die man in ein Gläschen Vin Santo eintaucht.

sogar die Größe der Ziegel schrieben sie genau vor. Dieser Wachsamkeit und diesem ausgeprägten Gemeinschaftssinn verdankt Siena das Gleichgewicht, das Ambrogio Lorenzetti in seinen Werken darstellte und von dem auch die Piazza del Campo in bewundernswerter Weise zeugt.

Das einladende Schaufenster einer Pizzicheria, eines Geschäfts für Wurstwaren, das mit appetitlichen Schinken, Würsten und Salami gefüllt ist.

Die zweite, ältere Schutzpatronin von Siena ist die römische Wölfin, die der Sage nach die Zwillingsbrüder Romulus und Remus großzog, die Gründer Roms. Siena verdankt seine Entstehung den Söhnen des Remus, die – mitsamt der Wölfin – vor ihrem Oheim Romulus auf die Sieneser Hügel geflohen sein sollen und dort das Kastell Senio gründeten. Von diesem ersten Kapitel der Geschichte Sienas zeugen noch heute siebenunddreißig Felder des einmaligen, mit Intarsien und Sgraffiti gestalteten Marmorfußbodens im Dom. Außerdem dargestellt sind dort Hermes Trismegistos und die Sibyllen aus der griechischen Sage, Propheten, Szenen aus dem Alten Testament und Personifikationen der Tugenden und Allegorien.

Der Teig für die Ciabatta wird ohne Hefe, dafür mit Olivenöl und nicht selten mit Kräutern hergestellt. Das knusprige Brot wird in vielen toskanischen Haushalten und Restaurants zu den Mahlzeiten gereicht.

Doch wenden wir uns wieder der Welt vor den Portalen dieses prachtvollen Kirchenbaus mit seiner marmorverkleideten Fassade und dem unverwechselbar quergestreiften Campanile zu. Sie sollten es keinesfalls versäumen, eine der Weinschenken aufzusuchen, in denen der Chianti fließt, die Panforti der verschiedenen Hersteller miteinander zu vergleichen, bei Ricciarelli Ossi di morti zu essen (hinter dieser Bezeichnung verbirgt sich ein kleiner Kuchen), eine Tarta al cioccolato zu probieren, einen Grappa zu kaufen, in der Antica Drogheria Manganelli, der Pizzicheria de Miccoli oder bei Il Magnifico Olivenöl, getrocknete Champignons und Pecorino zu erstehen und sich die Schaufenster in der Via Bianchi di Sopra und in der Via di Città anzusehen.

Später bleibt dann bestimmt noch Zeit für die eine oder andere Osteria oder Trattoria, wo Sie feststellen werden, daß Kräuter in der sienesischen Küche eine wichtige Rolle spielen – sei es bei der mit Fenchel gewürzten Wurst, den vielfältig zubereiteten Champignons, bei Kaninchen, Wildschwein, Schnecken, Kutteln oder Pici (einer Art Spaghetti) *col sugo finto*...

Blick von einem der drei Hügel, die die Piazza del Campo umgeben. Viele der kleinen Sträßchen der Altstadt münden auf diesem zentralen Platz.

Der knapp hundert Meter hohe Torre del Mangia, Teil des Palazzo Pubblico, besteht im unteren Teil aus Ziegeln und ist darüber mit weißem Stein bekrönt. Im Palazzo Pubblico ist das Städtische Museum untergebracht, das Meisterwerke von Simone Martini (1284 – 1344) und Ambrogio Lorenzetti (1290 – 1348) besitzt.

Fettuccine, Spaghetti, Pappardelle, Tagliatelle, Penne, Eliche, Ditali… Die Zahl der Nudelsorten und ihrer Formen ist in Italien Legion, jedoch ist die Auswahl nicht willkürlich: Bestimmte Saucen passen besonders gut zu bestimmten Typen.

Die Pfefferschote, italienisch peperoncino, *wurde von den Spaniern nach Europa gebracht und im 16. Jahrhundert in Italien heimisch. Heute ist der Peperoncino aus Gerichten wie Penne all'arrabiata und Spaghetti aglio, olio e peperoncino (Rezept Seite 107) nicht mehr wegzudenken; vielem Eingemachten verleiht er zusätzliche Schärfe.*

Ribollita

Für 6 Personen
300 g frische weiße Bohnen
Salz und Pfeffer
1 rote Zwiebel
1 Kartoffel
2 Karotten
4 Stangen Sellerie
2 Wirsingblätter
4 Knoblauchzehen
Olivenöl
5 große Tomaten, geschält und feingehackt
1 Bund Kräuter (Petersilie, Basilikum, Salbei)
Gemüse-, Geflügel- oder Fleischbrühe
4 Scheiben Weißbrot vom Vortag, gewürfelt
1 Bund Petersilie
Parmigiano

Die Bohnen enthülsen, abspülen, mit 1 Liter Wasser in einen Topf geben und aufkochen lassen. Anschließend die Bohnenkerne etwa 2 Stunden im Wasser abkühlen lassen. Abgießen, die Bohnen erneut mit kaltem Wasser bedecken, 2 Teelöffel Salz und Pfeffer zugeben und aufkochen lassen. Dann bei niedriger Temperatur etwa 30 Minuten garen.

Ein Teller Ribollita ergibt für sich allein eine kräftige und sättigende Mahlzeit. Ein junger Chianti Classico paßt gut dazu.

Die anderen Gemüse in Stükke schneiden. Zwiebeln und Karotten in Olivenöl anbraten. Sellerie, Wirsing Knoblauch und, falls erforderlich, noch etwas Olivenöl zugeben und 10 Minuten schmoren. Die Tomaten, Kartoffeln, Bohnen und die gehackten Kräuter zugeben. Die Gemüse mit Brühe aufgießen, zum Kochen bringen, dann zugedeckt bei niedriger Temperatur etwa 1 Stunde köcheln lassen. Die Brotwürfel zugeben und die Suppe abkühlen lassen. Die Ribollita (*ribollire* bedeutet wiederaufkochen) vor dem Servieren nochmals aufkochen. Erst dann entwickelt sie ihre wahre Aromenvielfalt.
Vor dem Servieren mit gehackter Petersilie und frisch geriebenem Parmesan bestreuen und mit etwas Olivenöl beträufeln.

Tagliatelle alle gallinacci

Für 4 Personen
500 g Pfifferlinge
125 g Butter
3 Knoblauchzehen, feingehackt
12 Salbeiblätter
4 Tomaten, geschält und gehackt
Salz und Pfeffer
300 g frische Tagliatelle

Die Pfifferlinge putzen, nicht kleinschneiden. Die Hälfte der Butter in einer Pfanne zum Schmelzen bringen. Den Knoblauch und die Salbeiblätter schnell darin anbraten. Die Pfifferlinge in die Pfanne geben, die Hitze reduzieren und kurz anbraten. Anschließend die Tomaten zugeben. Salzen und pfeffern. Zugedeckt bei schwacher Hitze reduzieren. Gegen Ende der Garzeit die restliche Butter hinzufügen und die al dente gekochten Tagliatelle darin wenden. Sofort servieren.

Spaghetti aglio, olio e peperoncino

Für 4 Personen
4 Knoblauchzehen
6 EL Olivenöl extravergine
2 Peperoncini, feingehackt
einige Zweige Petersilie, feingehackt
300 g Spaghetti

Den Knoblauch in feine Scheiben schneiden und in dem bereits erhitzten Olivenöl goldbraun anbraten. Dann vom Herd nehmen und die Pfefferschoten mit der Petersilie hineingeben. Zwei Minuten ziehen lassen, dann mit den al dente gekochten Spaghetti vermengen. Auf dem Herd wenden und sofort servieren.

Spaghetti mit Knoblauch, Olivenöl und Pfefferschoten sind ein auf der ganzen Welt bekanntes Gericht.

Fagioli al fiasco

Für 4 Personen
350 g Cannellini-Bohnen
2 Knoblauchzehen
5 Salbeiblätter
1/2 Chilischote
5 schwarze Pfefferkörner
3 EL Olivenöl

Für dieses Rezept benötigen Sie eine der traditionellen bauchigen Chianti-Flaschen mit 1,5 l Volumen.
Die Bohnen am Vortag in kaltem Wasser einweichen.
Am folgenden Morgen abgießen und die Bohnen zusammen mit dem Knoblauch, dem Salbei, der von Fasern befreiten Chilischote und den Pfefferkörnern in die Flasche geben. Das Öl darübergießen und mit Wasser auffüllen, bis die Bohnen bedeckt sind. Die Flasche mit einem Stofflappen verschließen und bei 120 Grad drei Stunden in den Ofen stellen. Das Wasser muß vollkommen verdampfen.
Zum Servieren Bohnen mit einem feinen Strahl Olivenöl überziehen.

Früher legte man, nachdem das Brot gebacken war, eine mit eingeweichten Bohnen und Olivenöl gefüllte Flasche in den noch heißen Backofen und ließ den Flascheninhalt gute acht Stunden garen.

Arrosto di maiale con rosmarino

1 Knoblauchknolle
Salz und weißer Pfeffer
Schale einer Zitrone
1 Schweinerollbraten mit Knochen
6 Zweige Rosmarin
Olivenöl

Alle Knoblauchzehen zerdrükken, mit Salz und dem weißen Pfeffer und den Zitronenzesten vermengen. Den Braten gründlich mit dieser Mischung einreiben. Eine Stunde ruhen lassen. Die Rosmarinzweige mit Küchengarn der Länge nach auf den Braten binden. Das Fleisch in einer Schmorpfanne in Olivenöl von allen Seiten anbraten, sodann zudecken und eine halbe Stunde bei schwacher Hitze schmoren. In Scheiben schneiden und servieren.

Fritelle di riso

Dieses traditionelle Rezept aus der ländlichen Küche verdankt seine Existenz der hausfraulichen Erfindungsgabe für die Weiterverwertung von Resten. Auf der Karte eines Restaurants oder einer Trattoria werden Sie es nie finden.

Thymian und Rosmarin unter den gekochten Reis mischen, abschmecken und meist noch etwas Pfeffer zugeben. Den Reis zu kleinen Bällchen formen und diese in sehr heißem, gutem Olivenöl herausbraten.

Die Bällchen bilden dann eine köstliche Beilage zu Gebratenem oder Geschmortem oder, mit Tomatenpüree auf dem Reis, zu gegrilltem Fleisch.

Carciofi al tegame

Für 6 Personen
10 kleine Artischocken
Saft von 1 Zitrone
150 ml Olivenöl extravergine
2 Scheiben magerer Speck, gewürfelt
2 feingehackte Knoblauchzehen
2 EL feingehackte Petersilie
Salz und Pfeffer
120 ml Brühe oder Wasser

Die Artischocken vorbereiten: Den Stiel und die äußeren Blätter abbrechen, die Blattspitzen abschneiden, das Heu entfernen und das Gemüse vierteln. Damit die Artischocken sich nicht verfärben, in eine Schüssel mit kochendem Wasser und Zitronensaft geben.

In einer großen Kasserolle das Olivenöl erhitzen und Artischockenviertel, Speck, Knoblauch und Petersilie darin anbraten. Mit Salz und Pfeffer würzen und mit Brühe oder Wasser aufgießen. Gut umrühren und zugedeckt bei mittlerer Hitze 10 bis 15 Minuten garen. Die Artischocken heiß servieren.

Panforte

Für 6 Personen
150 ml kaltes Wasser
180 g Puderzucker
2 EL dunkler Honig
20 g brauner Zucker
200 g Orangeat, gewürfelt
100 g Zitronat, gewürfelt
200 g ungeschälte Mandeln
10 g echtes Kakaopulver
1 Prise gemahlener Piment
1 Prise geriebene Muskatnuß
1 Prise gemahlener Zimt
150 g Mehl
1 Prise schwarzer Pfeffer

Wasser, Zucker, Honig und braunen Zucker in einen Topf geben und unter ständigem Rühren bei niedriger Temperatur zum Kochen bringen.

Den Sirup köcheln lassen, bis er auf der Oberfläche große Blasen wirft. Vom Herd nehmen, zuerst Orangeat und Zitronat, dann Mandeln, Kakao und Gewürze unterrühren.

Im Laufe der Jahrhunderte lernte man, den Panforte mit exotischen Gewürzen zu aromatisieren. Im 17. Jahrhundert verwendete man 17 Gewürzsorten, um die 17 Contrade Sienas zu symbolisieren.

Wenn alles gut miteinander vermischt ist, nach und nach das Mehl zugeben und zu einem homogenen, klebrigen Teig verarbeiten. Den Backofen auf 200 Grad vorheizen. Den Teig in eine runde Kuchenform geben, die Oberfläche glattstreichen und leicht mit Mehl bestäuben. Den Panforte in den vorgeheizten Ofen schieben und etwa 20 Minuten backen.

Den Kuchen aus dem Ofen nehmen, mindestens 4 Stunden abkühlen lassen und vor dem Servieren mit Kakao und einer Prise gemahlenem schwarzen Pfeffer bestäuben.

Etiketten für mit Ricotta zubereitete Frischnudeln.

Weinverkostung ohne Kaufzwang soll Kunden anlocken.

Der Knoblauch spielt in der toskanischen Küche eine wichtige Rolle. Man würzt mit ihm geröstetes Brot, gibt Tomatensaucen Charakter, brät ihn in Olivenöl und aromatisiert Konserven damit.

RUND UM SIENA

In den Weinbergen in der Umgebung von San Gimignano wird der Vernaccia di San Gimignano angebaut, ein trockener Weißwein, der seit 1993 die Gütebezeichnung DOC tragen darf.

Siena liegt fast im Zentrum der Toskana. Die rötliche Stadt, die man zum erstenmal mit klopfendem Herzen hinter einer Straßenbiegung erblickt, erhebt sich inmitten einer hügeligen Umgebung, die im Norden ganz anders aussieht als im Süden.

Wendet man sich nach Westen in Richtung San Gimignano, durchquert man eine ausgesprochen liebliche Landschaft, ähnlich der, die man von Gemälden her kennt, eine stille Landschaft mit vielen Eiben, fruchtbarem Boden, Weingärten und Olivenhainen. Nach einem kurzen Besuch in Colle di Val d'Elsa, wo, wie in früheren Zeiten, wieder Kristallglas hergestellt wird, erreicht man San Gimignano, das Städtchen der *belle torri*, der »schönen Türme«, über die einmal jemand schrieb, sie »kratzen am toskanischen Himmel«. Die ehemalige etruskische Festung mit ihrem dreifachen Mauergürtel, die das Elsatal überragt, wurde von der Unesco inzwischen zum Weltkulturerbe erklärt. Einst gab es hier 72 Geschlechtertürme, rechteckige, klotzige, fast fensterlose Ungetüme, die die reichen Woll-, Wein- und Gewürzhändler zum Schutz gegen ihre Nachbarn errichteten und mit denen sie sich gegenseitig zu übertrumpfen suchten. Einzige Auflage: Sie durften nicht höher sein als die beiden Stadttürme. Heutzutage stehen davon nur noch fünfzehn, allerdings so dicht beisammen, daß sie einen beeindruckenden Anblick bieten. Gleich drei davon sieht man auf der im Fischgrätmuster gepflasterten Piazza della Cisterna, die ihren Namen dem berühmten Renaissancebrunnen in ihrer Mitte verdankt. Zusammen mit der angrenzenden Piazza del Duomo, einem der wohl schönsten Plätze der Toskana, bildet sie das Zentrum der Stadt. Diese beiden Hauptplätze haben die Größe von Operettenbühnen und zeigen vor allem nachts ihren besonderen Charme – angestrahlt,

Das Etikett eines Käses, der in der Region der Crete auf der Azienda Agricola Belsedere hergestellt wird. Das wunderschöne Gut ist beispielhaft für die großen Landsitze in der Toskana.

S. 110/111: Um San Quirico d'Oricia tut sich eine liebliche, hügelige toskanische Landschaft auf. Der leichte Dunst, der sich häufig über das Land legt, gibt ihr etwas Verträumtes.

In San Gimignano rivalisierten einst mächtige Adelsfamilien um die Vorherrschaft.

Von jener Zeit zeugen noch heute die hohen Geschlechtertürme.

Wie auf einem alten Landschaftsgemälde: Eiben und Zypressen säumen eine Landstraße bei Montichiello.

Schafstall und Zypressen im Orciatal.

Linke Seite: Die fruchtbare Erde von Siena, die den Ziegeln aus der Region ihren typischen Farbton verleiht, gab auch einer in der Malerei häufig verwendeten Farbe ihren Namen.

Petroio ist ein Zentrum der Terrakotta-Herstellung. Unzählige Töpferwerkstätten bieten Blumentöpfe, Schalen, Vasen und Nachbildungen antiker Skulpturen für Haus und Garten an.

Eine verwitterte Ziegelfassade in Petroio.

Duft, Farbe und Geschmack des Olivenöls variieren je nach Herkunft. In Spezialgeschäften kann man das Öl vor dem Kauf verkosten.

Mehr als hundert verschiedene Sorten Pecorino (Schafskäse) werden in der Toskana produziert. Man kann ihn von sehr jung (20 bis 30 Tage alt) bis ausgereift (mindestens sechs Monate alt) genießen. Pecorino aus der Azienda Belsedere gehört zu den renommiertesten der Region von Pienza.

stolz und geheimnisvoll, umgeben von einem wunderbaren architektonischen Ensemble, das trotz der Mischung von Stilen und Materialien ein geschlossenes Bild vermittelt. Eine perfekte Kulisse für Theateraufführungen, und so findet hier denn auch jedes Jahr ein internationales Festival statt.

Bei einem Rundgang durch die Stadt zeigt sich deutlich die strenge Eleganz des 13. Jahrhunderts, die heutzutage eher dekorativ als

furchterregend wirkt. Man beginnt an der Porta San Giovanni, geht dann weiter durch die Porta di Querecchio und die Porta San Matteo, bevor man in die Via San Giovanni einbiegt, deren architektonische Einheit verblüfft. Aber hier wurde im Laufe der Jahrhunderte kaum etwas zerstört.

Die ersten Türme erheben sich wie Leuchtfeuer am Weg, die Fenster der Palazzi haben steinerne Kreuze. Im Nu erreicht man das Zentrum, bestehend aus den zwei ineinander übergehenden Hauptplätzen. Dort befinden sich der alte Palazzo del Podestà mit seinen guelfischen Zinnen und seinem 51 Meter hohen Turm, der Dom oder die Collegiata Santa Maria Assunta, eine ursprünglich dreischiffige Säulenbasilika aus dem 12. Jahrhundert, die im 15. Jahrhundert erweitert wurde, und der Palazzo del Popolo, dessen *Torre Grossa* den Turm seines Gegenübers noch um drei Meter überragt. Besonders sehenswert in der Collegiata sind die Fresken von Domenico Ghirlandaio, die die Capella di Santa Fine, der Stadtheiligen von San Gimignano, schmücken. Im Palazzo del Popolo ist unter anderem das Museo Civico untergebracht, in dem einige schöne Gemälde zu besichtigen sind. Wer sich Zeugnisse aus einer früheren Epoche ansehen möchte, muß etwas weiter ins Museo

Imbiß auf der Piazza des mittelalterlichen Dorfes Asciano.

Türklopfer in Montalcino.

Die Renaissance-Stadt Pienza liegt im Süden der Toskana auf einer Höhe von knapp 500 Metern und wurde nach den architektonischen Ideen von Papst Pius II. (1405 – 1464) gebaut. In den Regalen der Lebensmittelläden nehmen die verschiedenen Sorten von Pecorino viel Raum ein.

d'Arte Sacra e Museo Etrusco gehen. Der schönste Kunstschatz von San Gimignano ist zweifellos die auf 1483 datierte »Krönung Mariens« von Piero del Pollaiolo in der Kirche Sant' Agostino, die Ende das 13. Jahrhunderts von den Augustiner-Chorherren errichtet wurde und ein typisches Beispiel für die Bettelordengotik darstellt.

Für San Gimignano muß man sich Zeit nehmen. Am besten übernachtet man in einem alten Gasthof, vielleicht sogar im Convento Sant' Agostino; macht einen Spaziergang bei Nacht; erlebt den Sonnenaufgang; probiert hiesige Spezialitäten, zum Beispiel Tagliatelle mit Kräutern, etwas aus der etruskischen Küche oder Coniglio alla Vernaccia, Kaninchen, zubereitet mit dem leicht bitteren Wein aus der Umgebung.

Einkaufskörbe jeglicher Machart werden in Montalcino verkauft.

Weiter geht es nach Volterra. Die Landschaft hat sich verändert. Der Boden ist mit dunklen Felsbrocken übersät, und aus diesem Stein ist auch die kleine Bergstadt erbaut, die kaum größer ist als San Gimignano. Das etruskische Velathri gehörte zu den zwölf Städten, die sich locker miteinander verbündet hatten. Später war es die Hauptstadt der etruskischen Könige, anschließend unabhängig, dann unter florentinischer Herrschaft. 1472 ließ Lorenzo de' Medici die Stadt, die sich wiederholt gegen ihn aufgelehnt hatte, zerstören.

Volterra verdankt seinen Reichtum den Kupferminen, die schon die Etrusker ausbeuteten, und dem Alabaster, der noch

Das Schild einer Weinhandlung in Pienza mit dem Namen der Landschaft, die sich südlich von Siena erstreckt.

heute verarbeitet wird. Einige besonders schöne Stücke stehen im Museo Diocesano di Arte Sacra (ein Ziborium und ein Taufbecken aus dem 16. Jahrhundert), im Palazzo Viti (Tische und Kandelaber) und im Museo Etrusco Guarnacci (Graburnen). Wenn man sich mit der etruskischen Kunst befaßt, stellt man fest, daß es in der Toskana nicht erst seit den Römern eine Hochkultur gab, sondern schon zur Zeit der Etrusker recht enge Verbindungen zur griechischen Kultur bestanden. Davon zeugen nicht nur die Bronze- und Alabaster-Funde in dieser Gegend, sondern vor allem die Terrakotten. Die Etrusker, die große Festgelage nach Art ihrer hellenistischen Vorbilder liebten, stellten Trinkgefäße, Amphoren, Tonkrüge und Becher in großer Zahl her. Sie verwendeten schon sehr früh Töpferscheiben, und als Material diente ihnen der *Buchero*, ein schwarzer Ton, den sie so geschickt bearbeiteten, daß er wie Metall aussah. Über den Wein, den sie aus diesen Gefäßen tranken, ist allerdings nicht viel bekannt.

Brunello ist der Spitzenwein von Montalcino und gehört zu den besten italienischen Weinen überhaupt. Er wurde 1880 von Ferruccio Biondi-Santi erstmals gekeltert. Der Brunello di Montalcino muß mindestens fünf Jahre im Faß reifen, große Jahrgänge erreichen oft erst nach 20 Jahren ihren Höhepunkt. Eine gute Flasche Brunello sollte mindestens acht Stunden vor der Verkostung geöffnet werden.

Fährt man auf der anderen Seite von San Gimignano ins Val d'Elsa hinunter, gelangt man in das kleine, aus rotem Ziegel erbaute Städtchen Certaldo, in dem Boccaccio lebte und starb. Von dort aus geht es weiter nach Castelfiorentino, wo nach der Schlacht von Montaperti, in der Siena seine Rivalin Florenz besiegt hatte, ein (wenn auch nur kurz währender) Friede zwischen den beiden Städten geschlossen wurde. Hier brachte Stendhal, als er mit dem Pferd von Siena nach Florenz unterwegs war, eine Nacht bei gastfreundlichen Bauern zu. Am Abend erzählte man sich Geschichten, und zuletzt wurde sogar getanzt. Mit von der Partie waren drei hübsche, junge Bäuerinnen, die der Schriftsteller recht attraktiv fand, aber dennoch gewann er den Eindruck, daß

Franco Biondi-Santi vor seinem Gut in Montalcino. Sein Großvater vervollkommnete die Herstellung des Brunello, der aus Sangiovese-Trauben gekeltert wird. Obwohl seit den sechziger Jahren auch andere Winzer Brunello machen, bürgt der Name Santi-Biondi immer noch für allererste Qualität.

Weingärten im Brunello-Gebiet.

Das Benediktinerkloster von Monte Oliveto Maggiore bietet dem Reisenden eine angenehme Unterkunft.

Rechte Seite: Ein Septembermorgen in der Nähe von Montalcino.

Eine besondere Attraktion des Klosters sind die 26 Fresken mit Szenen aus dem Leben des heiligen Benedikt, die Sodoma (1477 – 1549) schuf.

die Mädchen dieses Landes für eine leidenschaftliche Liebe nicht geschaffen seien.

Auf der anderen Seite von Siena, im Südosten, liegt die Crete, eine unheimliche Lehmlandschaft mit kraterähnlichen Kegeln und tief gefurchten Tuffsteinhügeln, durch die sich das Val d'Arbia und das Val d'Ombrone schlängeln. Ein paar Kilometer südlich des mittelalterlichen Ortes Asciano steht die Abtei Monte Oliveto, in der es Fresken von Signorelli und Sodoma zu sehen gibt. Es scheint, als hätte sich diese Landschaft nicht verändert, seit die Maler der Gotik sie in ihren Bildern verewigten. Hier gibt es viele Kirchen und Schlösser, außerdem Thermalquellen und zwei besondere Kostbarkeiten: die weißen Trüffel aus San Giovanni d'Asso und den Brunello aus Montalcino, einen der besten Weine Italiens, der, im Gegensatz zum Chianti, lange reifen darf, bevor man ihn trinkt – zwanzig und manchmal sogar bis zu fünfzig Jahre lang. Und natürlich wird auch Brunello getrunken, wenn beim großen Festschmaus am letzten Sonntag im Oktober die Ankunft der Drosseln und der Beginn der Jagdsaison gefeiert werden. Traditionsgemäß findet anläßlich der Sagra del Tordo auch ein Turnier statt, bei dem Bogenschützen in mittelalterlichen Kostümen miteinander wetteifern.

Den Charme der Crete südöstlich von Siena haben große Sieneser Meister in ihren Bildern eingefangen. Hier eine Kapelle mit Zypressen.

Pecorino und Würste aus der Region von Pienza.

Seit Jahrhunderten wachsen in der Toskana Olivenbäume. Die Herstellung von Olivenöl – jede Region ist stolz auf ihre Sorte – liegt heute ebenso wie die des Weins in den Händen von Spezialisten mit Wissen und Erfahrung.
Auch für Olivenöl gibt es Verkostungen. Die Eigenschaften des Öls werden mit einem ähnlichen Vokabular beschrieben wie die des Weins.

Crostini di fegatini

Die beliebteste unter den toskanischen Antipasti!

Für 6 Personen
1 Zwiebel
3 EL Olivenöl
500 g Hühnerleber
1 Glas Weißwein
3 Sardellenfilets
1 1/2 EL Kapern
1/4 l Hühnerbrühe
Salz und Pfeffer
30 g Butter
6 Scheiben Toskanabrot

In einer Pfanne das Olivenöl erhitzen und die feingehackte Zwiebel darin anbraten.
Die sorgfältig gesäuberten Hühnerlebern zugeben und 10 Minuten braten, dabei gelegentlich etwas Weißwein zugießen.
Die Lebern mit einem Schaumlöffel herausnehmen, fein hacken und wieder in die Pfanne geben.
Die Sardellenfilets gut wässern, trockentupfen und Gräten entfernen.
Sardellenfilets und Kapern sehr fein hacken, aber nicht im Mixer zerkleinern, weil die Paste sonst zu dünnflüssig wird. Feingehackte Sardellen und Kapern vermischen und unter die Hühnerlebern rühren.
Das Ganze 10 Minuten köcheln lassen, dabei immer wieder mit etwas Brühe befeuchten. Wenn die Masse schön cremig ist, mit Salz und Pfeffer würzen und vom Herd nehmen. Die Butter unterrühren. Das Brot rösten, die Scheiben vierteln und großzügig mit der Hühnerlebercreme bestreichen.

Crostini – eine einladende und reichhaltige Vorspeise.

Fagioli all'olio

Für 6 Personen
400 g kleine weiße Bohnen (Toscanelli)
4 kleine weiße Zwiebeln, halbiert
1 Karotte
2 Lorbeerblätter
1/2 Strauß frischer Salbei
1 Strauß frischer Thymian
10 EL Olivenöl extravergine
3 Knoblauchzehen
Salz und Pfeffer

Die Bohnen waschen und dabei eventuell vorhandene Steinchen aussortieren. In einer großen Schüssel mit kochendem Wasser bedecken und 2 Stunden einweichen.
Abgießen und abtropfen. Die Bohnen in einen Topf geben und mit kaltem Wasser bedecken, die Zwiebeln, die Karotte, Lorbeer und Salbei, die Hälfte des Thymians und zwei Eßlöffel Olivenöl hinzufügen. Aufkochen lassen, dann bei mittlerer Hitze etwa 30 Minuten kochen lassen. Falls nötig Wasser nachgießen, die Bohnen müssen immer bedeckt sein.
Wenn die Bohnen gar sind, abtropfen und alle Gewürzzutaten entfernen. In einer großen Salatschüssel anrichten, salzen und pfeffern, das restliche Öl und die abgezupften Thymianblättchen untermengen.
Lauwarm oder kalt zusammen mit anderen Antipasti servieren.

Peperoni sott'olio

4 rote Paprikaschoten
300 ml Olivenöl
3 Knoblauchzehen, feingehackt

Die Paprikaschoten halbieren, die Kerne entfernen, waschen und auf dem Rost des Ofens verteilen. Unter dem Grill rösten, bis die Haut braun zu werden beginnt. Aus dem Ofen holen und in eine Plastiktüte geben. Nach zwanzig Minuten öffnen und schälen. In feine Streifen schneiden und auf einer rechteckigen Platte anrichten. Den Knoblauch über die Paprikastücke streuen. Mit Olivenöl bedecken und mindestens zwei Stunden ziehen lassen.

Die Paprikaschoten werden von allen Seiten angeröstet und kühlen dann in einer geschlossenen Plastiktüte ab. Sie lassen sich auf diese Art leichter häuten. Das Paprikafleisch wird dann mit gutem Olivenöl beträufelt.

Crostini al tartufo bianco

Für 12 Stück
12 Scheiben Toskanabrot
120 g Butter
1 EL Crème fraîche
Salz und Pfeffer
80 g weiße Trüffel, feingerieben

Der Speisesaal im Hause Biondi-Santi.

Die Butter in einer kleinen Schüssel mit einer Gabel zerdrücken. Crème fraîche unterrühren und mit Salz und Pfeffer würzen. Die geriebene Trüffel zugeben und zu einer glatten Masse verrühren. Die blond gerösteten Brotscheiben mit der Trüffelbutter bestreichen und servieren.
Die Trüffelbutter schmeckt auch hervorragend zu frischen Nudeln.

Zum Rinderschmorbraten, der in Chianti gegart wurde, passen natürlich Weintrauben als Dekoration.

Brasato al Chianti

Für 6 Personen
1 kg Rinderschmorbraten
2 Knoblauchzehen
1 rote oder braune Zwiebel
2 Karotten
1 Stange Sellerie
12 EL Olivenöl
1 Glas Chianti
350 g Tomaten, geschält und feingehackt
5 Blätter Basilikum, feingehackt
Salz und Pfeffer
1 Lorbeerblatt
1/2 l Rinderbrühe

Das Fleisch in Würfel schneiden. Knoblauch, Zwiebel, Karotten und Sellerie fein hacken. In einem schweren Schmortopf das Olivenöl erhitzen und das Fleisch bei mittlerer Temperatur auf allen Seiten braun anbraten. Die Hitze reduzieren und das feingehackte Gemüse zugeben. Etwa 10 Minuten schmoren, dabei gelegentlich umrühren. Wenn die Gemüse weich sind, die Temperatur hochschalten und den Chianti zugießen. Wein verdampfen lassen, dann Tomaten und Basilikum unterrühren und mit Salz und Pfeffer würzen. Lorbeerblatt und die Hälfte der Brühe zugeben und zum Kochen bringen. Die Hitze reduzieren und das Fleisch zugedeckt 2 bis 3 Stunden bei mittlerer Temperatur oder im vorgeheizten Backofen bei 170 Grad schmoren. Dabei von Zeit zu Zeit etwas von der restlichen Brühe zugießen und vorsichtig umrühren.

Spaghetti al limone

Für 4 Personen
5 Zitronen
125 g Butter
3 EL Olivenöl
Muskatnuß
500 g Spaghetti
400 g Crème fraîche
125 g geriebener Parmigiano
weißer Pfeffer aus der Mühle

Die Zitronen vorsichtig schälen, dabei darauf achten, daß nur die Schale entfernt wird. Diese in sehr feine Lamellen schneiden und hacken.
Die Butter in dem Olivenöl zusammen mit etwas geriebener Muskatnuß und den Zitronenschalen erhitzen, bis sie flüssig ist.
Gleichzeitig die Spaghetti in Salzwasser al dente kochen. Gut abtropfen lassen.
Die Pasta in einen großen Topf mit der Zitronenbutter geben. Auf sehr kleiner Flamme 2 Minuten lang unter ständigem Rühren die Crème fraîche und den Parmesan hinzufügen. Mit Pfeffer abschmecken.

Cremino di ricotta con lamponi

Für 6 Personen
1 Vanilleschote
1/4 l Milch
600 g Ricotta
300 g Zucker
1 kg frische Himbeeren
Saft von 1 Zitrone
Zum Dekorieren:
100 g gemischte rote Beeren oder Himbeeren

Die Vanilleschote längs halbieren und 30 Minuten in der Milch ziehen lassen.
Die Ricotta in eine große Schüssel geben und unter ständigem Rühren nach und nach die vanillierte Milch und 200 Gramm Zucker zugeben. Das Ganze zu einer glatten, cremigen Masse verrühren.
Die Himbeeren durch ein Sieb passieren, die Rückstände wegwerfen. Den restlichen Zucker und den Zitronensaft unter die Himbeersauce rühren.
Die aufgeschlagene Ricotta auf 6 Dessertgläser verteilen, mit der Himbeersauce überziehen und mit gemischten roten Beeren oder mit Himbeeren garnieren.

Ciliegie al vino

Für 6 Personen
500 g Kirschen
(ersatzweise Pflaumen oder Birnen)
3 Tassen Rotwein
Schale von 1 Zitrone
6 EL Mascarpone oder geschlagene Sahne

Die Kirschen entsteinen, in einen Topf geben und mit dem Rotwein bedecken. Die Zitronenschale zugeben und bei niedriger Temperatur etwa 15 Minuten köcheln lassen, dabei gelegentlich umrühren. Den Topf vom Herd nehmen und die Kirschen 2 bis 3 Stunden im Wein ziehen lassen.
Die Kirschen in Dessertgläsern anrichten und mit einem Löffel Mascarpone oder Schlagsahne dekorieren. Hervorragend zu trockenem Gebäck oder zu Sandkuchen.

Die erste kalte Pressung ergibt das beste und aromatischste Olivenöl und wird deswegen als Qualitätsmerkmal auf dem Etikett besonders hervorgehoben. Der Geschmack variiert jedoch stark je nach Herkunftsregion.

autostrada
TUTTE LE DIREZIONI
casa del VASARI
s.domenico

AREZZO UND UMGEBUNG

S. 128/129: Die Fußgänger sind auf den breiten, mit Steinplatten gepflasterten Straßen der Altstadt von Arezzo die ungekrönten Könige.

Folgt man dem Arno flußaufwärts, gelangt man an der Grenze zu Umbrien in das alte Arretium, die erste befestigte Stadtanlage der Etrusker und lange Zeit eine ihrer mächtigsten Städte. Sie wurde inmitten einer fruchtbaren Ebene auf einem sanft ansteigenden Hügel errichtet. Dank der strategisch günstigen Lage machten die Römer, mit denen sich Arezzo verbündete – ein Kampf wäre ohnehin aussichtslos gewesen –, die Stadt zu ihrem religiösen, militärischen und politischen Zentrum. Hier waren einige Zeit bis zu vier römische Legionen mit 20 000 Söldnern stationiert. Als der Einfluß Roms im ersten vorchristlichen Jahrhundert zu übermächtig wurde, versuchten Arezzo und einige andere Städte, ihre Autonomie wiederzuerlangen. Doch diese Auflehnung kam sie teuer zu stehen: Arezzo wurde völlig zerstört und als imposante Römerstadt mit Forum, Thermalbädern und einem Amphitheater wiederaufgebaut. Unter Kaiser Augustus erlebte es eine zweite Blüte, an der maßgeblich dessen Freund und Minister beteiligt war, jener Mann, dessen Name in alle europäischen Sprachen einging: Maecenas, der Förderer von Horaz und Vergil.

Bereits im 3. Jahrhundert hatte sich in Arezzo eine christliche Gemeinde gebildet; die Stadt wurde zum Bischofssitz und in der Folge zu einem der wichtigsten europäischen Kulturzentren. Hier führte der Benediktinermönch Guido von Arezzo die noch heute übliche Intervall-Notenschrift ein. In den Auseinandersetzungen zwischen Guelfen und Ghibellinen verlor die Stadt ihre Unabhängigkeit und fiel 1384 endgültig an Florenz. Damit büßte Arezzo seinen Glanz ein und wurde zu einer recht farblosen Stadt. Auch die Einwohnerzahl verringerte sich drastisch. Durch den Anschluß an die Eisenbahnlinie Florenz–Rom erlebte Arezzo im 19. Jahrhundert erneut einen wirtschaftlichen Aufschwung. Heute ist es eine

Arezzo, einst unter der Herrschaft von Florenz, hat sich nach Epochen des Niedergangs zu einem bedeutenden Zentrum im Osten der Toskana entwickelt. In dieser dynamtschen Stadt pflegt man einen gefälligen Lebensstil, weswegen es weder an Restaurants noch an Weinhandlungen mangelt.

Zu Füßen des Bergmassivs Pratomagno, das das Arnotal beherrscht, liegt das Dorf Casale, das einige Generationen der Morandi hervorgebracht hat.

Auf der Piazza Grande, wo der Palazzo della Fraternità dei Laici und der Palazzo delle Logge den Dialog der Jahrhunderte symbolisieren, findet zweimal im Jahr, im Juni und im September, die Giostra del Saracino, das Sarazenenfest, statt.

moderne Großstadt mit Industrievororten, die eher abschreckend wirken. Doch die Altstadt, etwas versteckt auf einer Hügelflanke hinter den alten Befestigungsanlagen gelegen, lohnt auf alle Fälle einen Besuch. Von der Piazza Repubblica aus gelangt man durch eine große Geschäftsstraße mit eleganten Läden zu der im 13. Jahrhundert erbauten Kirche San Francesco mit den berühmten Fresken von Piero della Francesca. Von da aus geht man weiter zum Dom San Donato, genießt kurz den Schatten am Aussichtspunkt des schönen Passeggio del Prato, steigt dann hinunter zur Kirche Pieve di Santa Maria Assunta und gelangt schließlich auf die beeindruckende Piazza Grande, die vom Palazzo della Fraternità dei Laici und dem Palazzo delle Logge dominiert wird. Hier schlägt das Herz der Stadt, die berühmte Söhne hervorbrachte: den Dichter Petrarca und den vielseitig begabten Maler und Baumeister Giorgio Vasari, der im 17. Jahrhundert die Piazza Grande umgestaltete.

Dort findet seitdem jedes erste Wochenende im Monat ein Antiquitätenmarkt statt. Überhaupt gibt es in diesem Viertel viele Antiquitätenhändler, Kunsttischler und Restauratoren. An Marktwochenenden herrscht in Arezzo besonders reges Leben und Treiben, und es macht Spaß, stundenlang herumzustöbern und zu feilschen.

Sansepolcro ist der Geburtsort des Malers Piero della Francesca (1416 – 1492). Heute ist der Ort als Firmensitz des Teigwarenherstellers Buitoni bekannt. Produkte aus dem Casentin sind überall in den Lebensmittelgeschäften zu finden.

Die Händler beginnen schon am Vorabend mit dem Aufbau ihrer Stände.

Arezzo wirkt vor allem aufgrund seiner Atmosphäre; es besitzt weder grandiose Bauwerke noch aufsehenerregende Museen. Der romanisch-gotische Dom ist ein eher mittelmäßiger Bau; doch befindet sich hier eines der bedeutendsten Meisterwerke der Renaissancemalerei: die Fresken von Piero della Francesca, die Mitte des 15. Jahrhunderts entstanden und deren Restaurierung bis zum Jahr 2000 abgeschlossen sein soll (bis dahin sind sie nur teilweise zu besichtigen).

Neben Möbeln und alten Kunstgegenständen nimmt Keramik einen wichtigen Platz auf dem Antiquitätenmarkt ein. Auch Porzellan und Stoffe finden ihre Liebhaber.

Der Zyklus, mit dem die Hauptchorkapelle ausgemalt ist, stellt die Legende vom Kreuz Christi dar, so wie sie die Legenda aurea erzählt. Dieser Legende zufolge stammte das Holz des Kreuzes Christi indirekt von dem Baum im Paradies, von dem Eva den verhängnisvollen Apfel gepflückt hatte. Von diesem »Baum der Versuchung« holt Adams Sohn Seth einen Zweig, den er auf das Grab seines Vaters pflanzt. Daraus wächst wiederum ein stattlicher Baum, den König Salomon fällen läßt und schließlich zum Bau einer Brücke verwendet. Auf dem Weg zu Salomon kniet die Königin von Saba davor nieder, da sie in einer Vision die Heiligkeit des Holzes erkennt. Und von dieser

Olivenöl aus San Savano.

Brücke stammen die beiden Balken für das Kreuz Jesu. Doch damit ist die Legende noch nicht zu Ende: Nach dem Tod Christi wird das Kreuzesholz vergraben. Jahrhunderte später soll Kaiser Konstantin, dem im Traum ein Kreuz erschien und den Sieg über seinen Gegner Maxentius verhieß, seine Mutter nach Palästina geschickt haben, um das heilige Holz zu suchen. Sie bringt es nach Jerusalem, wo es 300 Jahre später die Perser rauben. Der byzantinische Kaiser Heraklius bringt es schließlich wieder nach Jerusalem zurück.

In den Tälern des Casentin wird hauptsächlich Gemüse angebaut.

Oberhalb der Ortschaft Poppi erhebt sich stolz das Castello Pretorio der Grafen Guidi, der einstigen Herren der Stadt. Unterhalb des Schlosses stößt man auf eine Dante-Büste, die daran erinnert, daß der Dichter ein Freund und Schützling der Adelsherren war.

Die gewundenen alten Gäßchen von Cortone sind von historischen Gebäuden gesäumt.

Eine solche Geschichte paßt eher zum Mittelalter als zur Renaissance, doch für die Franziskaner, die diese Kirche erbaut haben, ist sie von grundlegender Bedeutung; denn ihr Ordensgründer, Franz von Assisi, hatte unweit von hier, im Wald von La Verna, die Vision des Kreuzes empfangen. Der Maler Piero, der aufgrund dieser wunderbaren Fresken den Beinamen della Francesca bekam, gestaltete dieses alte Thema mit einer tiefen Poesie, die lange Zeit nicht erkannt wurde.

Piero legte diesen Fresken eine klare perspektivische Konstruktion zugrunde. Die kraftvollen, plastisch wirkenden Personen stellte er – für die damalige Zeit höchst ungewöhnlich – realistisch mit alltäglichen Physiognomien dar. Es sind ungemein lebendige Gestalten, deren empfindsame Ausstrahlung den Betrachter unmittelbar berührt und deren Schönheit ihn in ihren Bann zieht. Eine Schönheit, die ihn noch begleitet, wenn er wieder auf die Straße hinaustritt, und die die kleinen Dinge des täglichen Lebens banal erscheinen läßt.

Das beste ist da wohl, der Stadt den Rücken zu kehren und ins Valdichiana aufzubrechen, ins Tal der Chiana, deren Gefälle so gering war, daß das Gebiet im frühen Mittelalter versumpfte. Von dort geht es weiter in das hübsche, befestigte Städtchen Castiglione Fiorentino mit dem Castello di Montecchio Vesponi, dessen 236 Meter lange Mauern und quadratische Türme noch erhalten sind. Ucello hat es auf einem Gemälde verewigt, das im Dom von Florenz hängt.

In Cortone, wie überall in der Toskana, wird Keramik noch heute mit traditionellen religiösen Darstellungen bemalt.

Anschließend geht es über Monte San Savino und Lucignano bis in die hübsche mittelalterliche Stadt Cortona an der Grenze zu Umbrien, die auf etruskischen Fundamenten errichtet wurde und einen einmaligen Blick auf das Chianatal bietet. Jedes Jahr am 14. und 15. August findet in Cortona die Sagra della Bistecca statt, ein riesiges Grillfest, zu dem sich das ganze Umland einfindet. Wem der Sinn eher nach geistiger Nahrung steht, der kann im Museo Diocesano unter anderem einen Altaraufsatz mit der Verkündigung und ein Triptychon von Fra Angelico bewundern oder zwischen Olivenbäumen auf einem kurvenreichen Weg zur Kirche Madonna del Calcinaio wandern, einem der elegantesten Bauwerke der Hochrenaissance.

Dieser Tonkrug, in den Farben der Erde und der Sonne gehalten, ist ein schönes Beispiel toskanischen Kunsthandwerks. Überall in der Region stößt man auf ebenso kunstvolle Töpfe und einfache Vasen, die mit Emaille, Alabaster oder Gips verziert sind.

Eine hübsche Auswahl an altem Geschirr in Cortona.

Von Arezzo aus lohnt es sich auf alle Fälle, auch den südlichen Teil des Casentin zu entdecken, jener Gebirgsgegend am Ostrand der Toskana, deren Nordseite wir schon von Florenz aus erkundet haben. Im Wald von La Verna, zwischen Buchen und Tannen, ließ sich um 1220 der Wanderprediger Franz von Assisi nieder, nachdem er die Leitung des von ihm gegründeten Ordens abgegeben hatte. Das Kloster La Verna ist heute ein Wallfahrtsort.

Die Schönheit der noch recht ursprünglichen Wälder und die Art und Weise, wie hier die Erinnerung an das Schicksal eines Mönchs bewahrt wurde, der das Armutsgelübde als Knecht Gottes und der Menschen in die Welt trug, ist so beeindruckend, daß man nicht gläubig zu sein braucht, um bewegt zu sein. Unversehens wird man hier von einem Zauber ergriffen, und vielleicht verspürt man, wie einst Piero della Francesca, den Wunsch, im Kloster zu übernachten. Doch zuvor sollte man sich noch die Terrakottareliefs von Andrea della Robbia ansehen (darunter eine wunderbare Kreuzigung) und den Monte Penna besteigen, um sich an dem herrlichen Rundblick zu erfreuen. Für Leute, die gern wandern, gibt es auch noch viele andere Ausflugsziele in der Umgebung.

Anna Bini bereitet aus kleinen, frischen Steinpilzen eine Sauce für Tagliatelle zu (Rezept Seite 137). Größere Steinpilze eignen sich gut als Omelettfüllung und lassen sich hervorragend ausbacken oder braten: Man schneidet sie in Scheiben, taucht sie in Mehl und gart sie in heißem Öl. Kleinere Steinpilze werden auch in Öl eingelegt.

Bruschetta con melanzane

Für 4 bis 6 Personen
1 Toskanabrot
Olivenöl
1 Knoblauchzehe
1 Aubergine
1/2 Tasse Petersilie
feingehackter Thymian und Majoran
geriebener Pecorino oder Parmigiano

Die Aubergine in Alufolie wikkeln und im Backofen garen. Danach in Scheiben schneiden, salzen und einige Minuten auf Küchenpapier abtropfen lassen.
In der Zwischenzeit die Petersilie fein hacken und mit dem Thymian und Majoran vermischen.
Die Auberginenscheiben leicht mit Olivenöl bestreichen, mit Salz und Pfeffer würzen und grillen. Da das Gemüse rasch das Öl aufnimmt, je nach Geschmack nochmals vorsichtig mit Öl bestreichen.
Das Brot in Scheiben schneiden, mit Olivenöl beträufeln und rösten. Die warmen Brotscheiben mit der Knoblauchzehe einreiben.
Die Brote mit einer Auberginenscheibe belegen und mit den gehackten Kräutern sowie geriebenem Pecorino oder Parmesan bestreuen.
Nochmals kurz in den Ofen schieben und den Käse schmelzen lassen.

Bruschetta all'olio

Pro Person
2 Scheiben Toskanabrot
1 Knoblauchzehe
Olivenöl, Salz

Die Brotscheiben im Grill oder Toaster rösten. Jede Scheibe mit der Knoblauchzehe einreiben. Mit Olivenöl beträufeln, salzen und heiß servieren.

Bruschetta con pecorino e noci

Für 4 bis 6 Personen
1 Toskanabrot
Olivenöl
1 Knoblauchzehe
Pecorino oder Fontina
zerkleinerte Walnußkerne

Das Brot in Scheiben schneiden, mit Olivenöl beträufeln und rösten. Danach mit der Knoblauchzehe einreiben.
Für jede Bruschetta jeweils eine Scheibe Pecorino oder Fontina in die Pfanne geben und (möglichst auf Holzkohlenglut) zum Schmelzen bringen. Wenn der Käse zu schmelzen beginnt, mit den Walnußstückchen bestreuen. Die Käsescheiben vorsichtig mit einem Spatel aus der Pfanne heben und auf die Brotscheiben gleiten lassen.

Fritelle di formaggio al miele

Für 6 Personen
6 Scheiben junger Pecorino
6 EL Honig

Den Käse in der Pfanne backen, bis sich eine Kruste bildet. Auf jedes Käsestück einen Löffel kräftigen Honig geben, der in der Hitze sofort zu schmelzen beginnt.
Pecorino wird in der Toskana gern mit einem Stück Birne, mit frischem Knoblauch oder mit Olivenöl und schwarzem Pfeffer, aber auch mit grünem Salat und Bauernbrot gegessen.

Sugo di funghi porcini

Für 6 Personen
50 g getrocknete Steinpilze
5 Knoblauchzehen
2 EL Olivenöl
1 EL feingehackter Thymian
1 EL feingehackter Rosmarin
1 Tasse passierte Tomaten
Salz und Pfeffer

Die getrockneten Steinpilze in eine große Tasse geben und in warmem Wasser einweichen. Den Knoblauch in Olivenöl goldbraun braten. Thymian, Rosmarin und Tomaten zugeben und mit Salz und Pfeffer würzen. Die Steinpilze aus dem Wasser nehmen, in Stücke schneiden und unterrühren. Das Einweichwasser durch einen Filter in die Sauce gießen. Bei mittlerer Temperatur etwa 20 Minuten köcheln lassen, bis die Sauce sämig ist und sich die Aromen miteinander verbunden haben.
Die Steinpilzsauce mit Polenta, Risotto oder frischen Nudeln servieren.

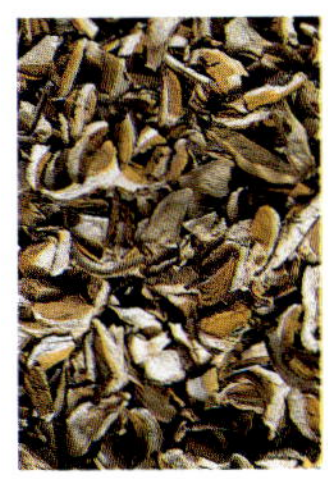

Getrocknete Steinpilze werden vor der Verwendung in warmem Wasser eingeweicht.

Faraona in cartoccio di foglie di fichi

Für 2 Personen
1 Perlhuhn
(ausgenommen und pariert)
3 Scheiben geräucherter Schinken
5 frische Feigen und -blätter
2 Knoblauchzehen
2 Zweige Rosmarin
2 Glas Weißwein
Salz und Pfeffer

Das Perlhuhn waschen. Mit einer Scheibe Schinken, einer Knoblauchzehe, einem Zweig Rosmarin, einer Feige würzen und zubinden. Das Perlhuhn mit den übrigen Schinkenscheiben und dann mit den Feigenblättern umwickeln. Mit Küchengarn zubinden. Die zweite Knoblauchzehe mit den Feigen und dem Rosmarin kleinhacken, salzen und pfeffern. Das Perlhuhn mit der gehackten Masse einstreichen. In den auf 200 Grad vorgeheizten Ofen schieben. Nach etwa zehn Minuten den Wein angießen und eine Stunde schmoren lassen, dabei regelmäßig Flüssigkeit nachgießen.

Tortino di carciofi

4 kleine Artischocken
8 Eier
6 EL Olivenöl
Salz

Die Artischocken putzen, dabei die Spitzen der Blätter abschneiden. In dünne Scheiben schneiden und fünf Minuten lang in 3 EL Olivenöl braten. Das restliche Olivenöl in einer Pfanne erhitzen und die Artischocken hineinlegen. Die Eier mit einem Schneebesen aufschlagen und darüber geben. Salzen und auf kleiner Flamme garen.

Im September werden sowohl Trauben wie Feigen geerntet.

Eßkastanien waren lange Zeit ein Lebensmittel der armen Leute. Dabei lassen sich die Früchte in der Küche auf vielfältige Weise einsetzen: Man kann sie grillen, rösten oder Mehl aus ihnen mahlen, mit dem man Saucen bindet oder Kuchen backt.

Castagne al vino rosso

Für 6 Personen
1 kg Eßkastanien
750 ml Rotwein
Salz und Pfeffer

Die Kastanien an der Spitze kreuzweise mit einem scharfen Messer einschneiden und etwa 30 Minuten in einer Pfanne rösten. Danach schälen und in einer Schüssel mit dem Wein bedecken. Etwa 30 Minuten ziehen lassen, damit sich die Aromen entfalten können. Den Wein abgießen, die Maronen etwas abtropfen lassen, langsam erhitzen und kurz vor dem Servieren mit Salz und Pfeffer würzen. Eine aparte Beilage zu allen Fleischgerichten, besonders gut zu Perlhuhn.

Gelato di nocciola

Für 6 bis 8 Personen
1 – 2 Tassen Haselnüsse
6 Eigelb
200 g Zucker
1/2 l Sahne
1/2 l Milch
2 TL Nußlikör (Fra Angelico) oder Vanille-Extrakt
250 ml Crème fraîche
Saft und Schale von 1 Zitrone

Die Haselnußkerne in einer Pfanne bei mittlerer Temperatur etwa 5 Minuten rösten. Dabei darauf achten, daß sie nicht zu dunkel werden. Die Nüsse schälen, grob hacken und beiseite stellen.
In einer großen Schüssel die Eigelbe aufschlagen, nach und nach den Zucker einrieseln lassen.
In einem großen Topf die Sahne und die Milch erhitzen, jedoch nicht aufkochen lassen. Den Topf vom Herd nehmen. Nach und nach die Eimasse unterrühren.
Die Creme unter ständigem Rühren im Wasserbad erhitzen, bis sie dick ist und einen Löffel überzieht.
Aus dem Wasserbad nehmen und unter Rühren abkühlen lassen. Im Kühlschrank kalt stellen.
Anschließend mit dem Nußlikör aromatisieren. Die restliche Sahne, die gehackten Nüsse und die Zitronenschale unterrühren und die Masse zum Gefrieren in die Eismaschine geben.

Gastlichkeit in Cortona.

Mauro Marri malt toskanische Landschaften auf Kiesel, Holz oder Kork.

In der Toskana ißt man Nüsse gern zu einem Glas Wein.

BIBLIOGRAPHIE

Peter Burke:
Die Renaissance in Italien.
Wagenbach 1992.

Clarke's Weinführer.
Toskana.
Droemer 1998.

E. M. Forster:
Zimmer mit Aussicht.
Nymphenburger 1986.

Guide du promeneur amoureux.
Gallimard 1990.

Henry James:
Toskanische Städte und Landschaften.
Hans Reich 1962.

Frances Mayes:
Die Sonne der Toskana.
Droemer Knaur 1997.

John Doe Meis:
Toscane gourmande.
Flammarion 1993.

Carlo de Palma:
Etrurie.
Casterman 1992.

Sergio Romano:
Toscan: Florence.
Seuil 1998.

Stendhal:
Reise in Italien.
Diederichs 1996.

Toscane, Assise, Orvieto, Pérouse.
Guides Bleus.
Hachette 1997.

Toscane, le balcon de la vie.
Guide Marc Millon.
De Agostini éditions 1997.

Damien Vigny:
Sienne et le sud de la Toscane.
La Renaissance de Livre 1998.

VERZEICHNIS DER REZEPTE

ADRESSEN MIT TYPISCH TOSKANISCHER KÜCHE

Fagioli
Corso Tintori 47
Firenze · Tel. 0 55-24 42 85

Enoteca Pinchiorri
Via Ghibellina 87
Firenze · Tel. 0 55-24 42 85

Da Bruno
Via Bianchi 12
Pisa · Tel. 0 50-56 08 18

Sergio
Lungarno Pacinotti 1
Pisa · Tel. 0 50-58 05 80

Guido
Vic. Pettinaio 7
Siena · Tel. 05 77-28 00

Osteria Le Logge
Via del Porrione 33
Siena · Tel. 05 77-4 80 13

Antica Trattoria Botteganova
Strada Chiantigiana 29
Siena
Tel. 05 77-28 42 30 · Fax 05 77-27 15 19

Badia a Coltibuono
Gaiole in Chianti
Tel. 05 77-74 94 24 · Fax 05 77-74 90 31

Il Pozzo
Piazza Roma 2 · Monteriggioni (Siena)
Tel. 05 77-35 92 26

La Bottega del 30′
Via Santa Caterina 2 · Villa a Sesta (Siena)
Tel. 05 77-35 92 26